Reflections

ANDREAS LASKARATOS

Reflections

ΣΤΟΧΑΣΜΟΙ

Translated by
Simon Darragh

With an introduction by
Yorgos Y. Alisandratos

Translated by
David Connolly

ΑΙΟRΑ

Simon Darragh has translated among other things the works of Nikos Kavvadias. 'Foreign Correspondence' (Peterloo 2,000) is a volume of Darragh's own poetry. Simon Darragh has been a Hawthornden Fellow, and a Translator in Residence at the University of East Anglia. He now lives noisily in the Northern Sporades.

We thank Jonathan Markel, whose pioneering draft translation helped keep the project alive for many years.

Original title: *Στοχασμοί*

© Aiora Press 2015

All rights reserved. No part of this publication may be reproduced, stored in a retrieval system, or transmitted, in any form or by any means, electronic, mechanical, photocopying, recording or otherwise, without written permission of the publishers.

ISBN: 978-618-5048-32-7

AIORA PRESS
11 Mavromichali st.
Athens 10679 - Greece
tel: +30 210 3839000
www.aiora.gr

Contents

Introduction: Andreas Laskaratos
and his *Reflections* 11

Reflections 21

Reflections originally written in italian 113

Translator's notes 115

Andreas Laskaratos
and his *Reflections*

Andreas Laskaratos was born in Lixouri, on the isle of Cephalonia, on 1/13 May 1811. His parents, Yerasimos Typaldos-Laskaratos and Styliani Manesi, were wealthy landowners belonging to the Heptanesian aristocracy (the so-called *Libro d'Oro* of the Venetians), but were not particularly well-educated. He was the eldest of seven children and had three brothers and three sisters. His primary education (till 1828) was irregular, first in Lixouri and later in Argostoli, at the Castle School (where Neophytos Vamvas taught). Between 1828 and 1834, he lived in Corfu, where he had been taken by his uncle, Count Dimitrios Delladetsimas, an important political figure in the British Protectorate in the Ionian Islands. There, in the winter of 1833-34, he attended courses in Law at the Ionian Academy. Later, and until 1836, he did minor jobs in Argostoli. Between 1836 and 1837, he studied Law — at his father's request and against his own wishes — in Paris, and between 1837 and 1839 at the renowned University of Pisa in Italy, from where he received his degree in June 1839. From 1839 to 1843, he worked as a lawyer in Lixouri, before

later resigning because he had no liking for the profession. In 1845, he travelled to Crete in order to become acquainted with its wonderful poetry, and in 1846 he married Penelope Koryalenia, daughter of Dimitrios Koryalenias, a wealthy merchant from Livorno in Italy. Eleven years his younger, Penelope was an educated woman, sensible and devoted, who later stood by him through the great storms in his life. They acquired nine children, seven daughters and two sons, which caused them great family contentment but also great financial difficulties.

In 1850, in the first free elections in the Ionian State following the granting by England of relative suffrage, he put forward his candidacy as a member of parliament with a fiercely antiradical programme (at a time when the Radical Movement dominated in Cephalonia) with the result that he was not elected. Disappointed, he left for London, where he remained for about a year. He subsequently returned to Lixouri and in 1854 settled in Argostoli, where he lived for the rest of his life (with some small intermissions).

In February 1856, he published the book that would prove fateful in his life: *The Mysteries of Cephalonia or Thoughts on the Family, Religion and Politics in Cephalonia*, in which he expressed fierce polemic against the Church and the Radicalists. This acerbic book provoked a social scandal with unexpected consequences: The Bishop of Cephalonia, Spyridon Kontomichalos, excommunicated Laskaratos and anathematized his book. This was soon followed by abusive pamphlets written

by priests against the "impious" book and vulgarities on the part of the fanaticized mob against the "excommunicated" Laskaratos. The situation in Cephalonia became intolerable for him and he was obliged to leave for Zakynthos. There too, however, the Bishop, Nikolaos Kokkinis, published a defamatory encyclical letter against him, "hastening to denounce the book in question and its author as impious and deserving of aversion and censure". Hounded as he was, Laskaratos eventually found refuge in London (for the second time).

In January 1857, he returned to the Heptanese and settled in Zakynthos. He was now determined to devote himself to bringing about the moral regeneration of society and, in May 1859, he began publication of a small "family" newspaper under the symbolic title of *The Lamp*, which, in his opinion, would contribute to the social reformation. However, in the political vortex of the times, *The Lamp* was soon attacked as being protestant and antichristian. Afterwards, he came into personal conflict with Konstantinos Lomvardos, the leader of the New Radicals in Zakynthos, with the result that, in 1869, he was sentenced to imprisonment for insulting his opponent. Following his release, he once again settled in Argostoli.

1864 saw the unification of the Heptanese with Greece. In 1868, Laskaratos published his famous *Response to the Excommunication of 1856 by the Clergy of Cephalonia*, a vigorously polemical book, which, however, would lead to new embroilments. The Holy Synod of the Church of Greece now accused him of erroneous

belief and insulting the Church; a trial took place in the civil courts and the jury of Argostoli acquitted him (in 1869). Immediately afterwards, he published his book, *My Trial with the Synod* (1869), in which he outlines all the details of his new persecution. In 1872, he published a collection of his poems under the title *Various Verses*, which was, however, passed over by the Athenian newspapers.

Nevertheless, as time passed, his reputation began to grow and, in 1884, he came to Athens and was acclaimed when, one evening, he spoke at the "Parnassus" Literary Society. At the end of 1886, he published *Behold the Man. Human Characters or Man*, which was the last book he ever published himself. From then on, his life passed untroubled. He had the respect and recognition of both the public and the erudite and he devoted himself entirely to writing. In 1899, Yerasimos Dorizas, enlightened prelate of Cephalonia and his friend and admirer, asked the Synod to revoke his excommunication, which in fact happened on 19 January, 1900. On the night of 23 January 1901, now over ninety years' old, he passed away quietly. And thus, this once outcast of the Church would be buried with full honours and with national recognition.

Andreas Laskaratos is a satirical poet and versatile prose writer. His quite extensive prose writings are of five kinds: polemical, philosophical, narrative, technical (in matters concerning poetics and literature) and autobiographical.

His philosophical works include the book *Behold the Man. Human Characters or Man* (1886), unique in Greek letters as an example of social anthropology and characterization — in the mode of the ancient writer Thephrastus and modern writers such as La Bruyere —, which, even today, despite the subsequent social changes, retains its value.

His narrative works include his book, *Morals, Customs and Beliefs of Cephalonia*, which was published long after his death in 1924. This is a collection of unusual stories, dominant in which — in a generally satirical and playful tone — is the allegorical accusation of a social prosecutor, whose aim is to castigate many of society's established ills (and which are permeated by his ideas on religion, politics and the "moralization of society").

His polemical works include his books, Response to the Excommunication of 1856 by the Clergy of Cephalonia (1867/1868) and My Trial with the Synod (1869) and, in part, his controversial newspaper, *The Lamp* (1859 ff.). Response to the Excommunication is a book unique in its polemical tone and iconoclastic boldness. *The Lamp* is characterized by a similar tone; *My Trial with the Synod* is written in a milder tone.

I am not going to dwell on the renowned *Mysteries of Cephalonia* (1856), the book that provoked his — unjustified and barbaric — excommunication and his persecution (but also his subsequent course and fame!), because in this aggressive book, his opinions concerning the family and politics are socially conservative if

not completely mistaken (for what reason is not important here) and his extreme religious views, which are in many respects progressive, may be justified in terms of the right to freedom of intellectual expression, but are, nevertheless, expressed in an exaggerated and often rash way.

His poetry is the most well-known aspect of his work and the aspect which has reached the widest audience. His poetic flair is limited — something he himself admits. However, many of his poems, particularly the satiric and humorous ones, are entertaining, extremely clever and enjoyable! His satiric caricatures and parodies are unique in modern Greek letters. His scintillating and scathing spirit is everywhere apparent. Even his occasional ribaldry is not annoying. There are, however, lyrical moments that create a joyous mood, as, for example, in the sonnet he wrote for his wife: "In London 1851" (How shall I call you? My wife or my soul?).

Influenced by the European Enlightenment, Andreas Laskaratos was a profound thinker, particularly in social and religious matters. He reflected on the major issues concerning the human being as a unit in society and society as a composite collectivity of human beings; with the difference that his thoughts and meditations are not formulated as "reflections", but are intimated throughout his writings, sometimes through allegory, sometimes through satire and sometimes through irony and mockery.

All his satire (religious, political and social), just

as all his work in fact, is in the service of society; it springs from an elevated social sense and acquires a conscious moralistic and didactic character. He believed that "the satirist is a moral surgeon". And elsewhere, he says: "The satirist, poet or prose-writer, is the moral prosecutor of his society. His jurisdiction begins where the jurisdiction of the legal prosecutor ends. The moral prosecutor pursues all the other ills that the lawgiver did not entrust to the vigilance of his prosecutor."

A summary of and supplement to these scattered thoughts, opinions, appraisals, refutations, etc., which he had formulated at various times in the above books and publications, is the small work entitled *Reflections*, dated 1884 but published in 1921 by Chrysostomos Yaniaris, and with an introductory "Note" by D.P. Tagopoulos.* The work consists of short texts in the form of meditations, which refer to moral, religious, ecclesiastical, political and, in general, social issues, such as God, religion and theology, Christianity, Orthodoxy and the Church, the nation and the "common universal good", the various political systems ("empire", monarchy, democracy), the constitution and constitutional freedom, language and the Athenian "intelligentsia", truth, virtue and friendship, and to social ills, such as

---

* The full title of the work is as follows: Andreas Laskaratos, *Reflections*, from his unpublished manuscript. "Every other work of mine is simply my work; my Reflections, however, are me", Athens 1921, Athinaikon Vivliopoleion Publishers, Ch. Yaniaris and Co., 3 Sophokleous Street, 56p.

wealth, self-interest, hypocrisy etc., or which clarify pairs of concepts, such as legendary-novel, superstition-credulity, myth-fairytale, revenge-vengeance-justice, religion-mythology-theology, cowardice-ignobility, etc. (There is no mention, however, of women and love, of life and death, of science and progress, of literature and poetry, or of art in general).

This wide variety of reflections (scattered and collected) does not mean that Laskaratos can be classified in some specific idea-system (from this point of view he is eclectic — and usually unorganized and inconsistent). However, it reveals his social concerns, the issues that aroused his interest, the ideas that inspired him and the stance he adhered to in life — in a word, his personality. In fact, for some people, it is clear that, allegorically speaking, these reflections outline or illustrate Laskaratos himself (which also happens with some of his *Characters*, such as "the innovator", "the religious martyr", "the altruist", "the satirist", etc.). He had written this at the beginning of his *Reflections* as a motto: "Every other work of mine is simply my work; my *Reflections*, however, are me". It is for this reason that in his introductory "Note" (in the 1921 edition), D.P. Tagopoulos writes that just as Laskaratos had put *Behold the Man* as the title to his *Characters*, so too in his *Reflections* a fitting subtitle would be *Behold Laskaratos*. Nevertheless, the author of *Reflections* is, in my view, better known to a wider audience as a satirical poet and apostate of Christianity — as someone who was "excommunicated" — rather than as a social

thinker and, in many ways, a controversialist and re-former.

The informed reader is easily able to see that his reflections are a product of the rationalism, moralism and didacticism of the author of the *Mysteries of Cephalonia*, or echo similar teachings by the European writers who he happened to have in his library — as was shown by the painstaking study published by K.Th. Dimaras: "From the Sources to the Figure of Laskaratos" ("Nea Estia", Christmas 1961): Boileau, Voltaire, Rousseau, Montesquieu, Hugo, Byron, Hume, Walter Scott, Dante, Ariosto, Monti, Tasso, Tassoni and many others.

Yorgos Y. Alisandratos
Athens, 22.2.2002

Στοχασμοί

Κάθε ἄλλο μου σύγγραμμα εἶναι ἁπλῶς μόνον
σύγγραμμά μου· οἱ *Στοχασμοί* μου ὅμως
εἶμαι ἐγώ.

Reflections

Every other written work of mine is simply
a piece of my writing. My *Reflections*,
however, are myself.

Προλεγόμενα

Εἰς τὸ νὰ κάμω τὴ συλλογὴ τούτη τῶν στοχασμῶν μου, ἐπαράλειψα διάφορους, διὰ τοὺς ὁποίους ἀμφίβαλα ἂν εἶναι γνήσιοι ἐδικοί μου, ἢ ἂν εἶναι ἀνάμνησες στοχασμῶν ἄλλων ἀνθρώπων· καὶ ἔκαμα τοῦτο, διὰ νὰ ἀποφύγω νὰ θεωρηθῶ ὡς λογοκλέφτης. Παρουσιάζω ὅθεν τούτους ἐν καλῇ τῇ πίστει ὡς ἐδικούς μου.

Ἀλλὰ διὰ τὸν ἀναγνώστην εἶναι ἀδιάφορο τὸ εἰς ποῖον ἡ ἀξιομισθία ἑνὸς καλοῦ στοχασμοῦ. Ἐκεῖνο ποὺ ἐνδιαφέρει τὸν ἀναγνώστην, εἶναι ὁ στοχασμὸς αὐτὸς ὁ ἴδιος, ἡ μελέτη του, ἡ παραδοχή του ὡς ἀρχὴ πλέον τῆς διαγωγῆς τοῦ ἀναγνώστου, ἀπὸ τὰ ὁποῖα ὅλα θὰ προκύψῃ ὠφέλεια.

Πραγματικῶς. Ἀδιάφορο ποῦθε μᾶς ἔρχεται ὁ καλὸς στοχασμός. Ἐμεῖς τὸν δεχόμεθα ἐπειδὴ καλός· καὶ ὄχι γιὰ 'πινομὴ ἐκείνου ποῦ μᾶς τὸν ἔδωσε.

Ἐννοεῖται δὲ ὅτι, ὄχι ὅλοι τοῦτοι οἱ στοχασμοὶ θ' ἀρέσουν εἰς ὅλους. Ἢ κλίσες μας, τὰ συμφέροντά μας, τὸ ἔργον μας, ἡ κοινωνική μας θέση, κλ. κλ. ἐπιρρεάζουν πολὺ ἀπάνου μας, ὥστε νὰ ὀρεγόμασθε, ἢ ὄχι, τὶς ἰδέες τῶν ἄλλων. Ἔτσι, ὅσοι ἀπὸ τούτους τοὺς στοχασμοὺς δὲν ἀρέσουν᾽ εἰς τὸν κατὰ καιρὸν ἀναγνώστην, ἂς τοὺς ἀφίνῃ διὰ ὅποιον ἤθελε τοῦ ἀρέσουνε.

Ὄχι ὅλοι ὀρέγουνται τὰ αὐτὰ φαγόσημα.

Prolegomena

In making this collection of my reflections, I left out various things about which I had doubts as to whether they were really mine, or were memories of other people's reflections. I did this to avoid supposing myself a plagiarist. I offer this, then, in the full belief that it is my own.

But for the reader it is a matter of indifference to whom belongs the credit for a good reflection. What interests the reader is the reflection itself, its study, its acceptance as a good example for the conduct of the reader: from all these will come its benefits.

In fact, it matters not where a good reflection comes from: we accept it because it is good, and not for the ingenuity of the person who gave it to us.

It goes without saying that not all these reflections will please everybody. Our inclinations, our interests, our work, our place in society etc. etc. influence us greatly, so that we may or may not wish for other people's ideas. Thus, such of these reflections as don't please the current reader should be left for those whom they might please.

Not everyone likes the same kinds of food.

Ὅταν ἕνας πολιτικὸς χάρτης ἀρχίζῃ νὰ γένεται 'μπόδιο στὴν εὐημερία τῆς κοινωνίας, ὁ χάρτης ἐκεῖνος δὲν πρέπει πλέον νὰ ἔχῃ ἄλλην ἀξίαν, παρὰ ἐκείνην ὁποῦ ἤθελε δόσει ὁ μπακάλης γιὰ νὰν τὸν πάρῃ.

Ἔθνος μου εἶναι ἡ τάξη ἐκείνη τῶν ἀνθρώπων οἱ ὁποῖοι αἰσθάνουνται 'σὰν ἐμέ, φρονοῦν' 'σὰν ἐμέ, καὶ διάγουνε 'σὰν ἐμέ. Καὶ πατρίδα μου εἶναι ὁ τόπος ἐκεῖνος ὅπου οἱ τοιοῦτοι ἄνθρωποι ἐχτιμοῦνται.

Ἡ ἐλευθερίες εἰς τοὺς λαοὺς εἶναι 'σὰν τὲς ἀπολυταριὲς εἰς τ' ἀμπέλια. Τ' ἀμπέλια, κατὰ τὲς δύναμές τους, 'μποροῦνε νὰ βαστάξουνε περσσότερες ἢ 'λιγώτερες ἀπολυταριὲς χωρὶς νὰ βλαφθοῦνε. Τὸ ἴδιο καὶ οἱ λαοὶ μὲ τὲς ἐλευθερίες.

Φιλελεύθερος εἶναι βέβαια ἐκεῖνος ὁποῦ αὐθορμήτως ζητεῖ νὰ δόσῃ ἐλευθερίες. Ἐκεῖνος ὁποῦ ζητεῖ νὰ λάβῃ ἐλευθερίες, ἤμπορεῖ νὰ ἦναι, ἀλλὰ 'μπορεῖ καὶ νὰ μὴν ἦναι φιλελεύθερος.

When a political map starts to become an impediment to the welfare of society, then that map no longer has any greater value than a grocer's wrapping paper.

My nation is that class of people who feel as I do, believe as I do and conduct their lives as I do. And my homeland is that place where such people are esteemed.

The freedoms of peoples are like the branches of an unpruned vine. Vines, according to their strength, may bear more or fewer branches without damage. The same goes for peoples and freedoms.

A freedom-lover is, of course, he who spontaneously demands the granting of freedoms. He who demands such liberties, may or may not be a freedom-lover.

Δὲν εἶναι δύο σώματα ἴσα μεταξύ τους. Δὲν εἶναι δύο ψυχὲς ὅπου νὰ μὴ διαφέρουν· ἀνάμεσό τους. Ἡ φύση φρίττει ἀπέναντι τῆς ἰσότητος τὴν ὁποίαν κηρύττουν οἱ νεότεροι. Ἡ ἰσότης τῶν πολιτῶν ἐμπρὸς εἰς τὸν νόμον, εἶναι νομοθετικὴ ἀνάγκη· ὄχι φυσικὴ ἀλήθεια. Νομοθετικὴ ἀνάγκη στὴν ὁποίαν ἀδικεῖται τὸ καλήτερο μέρος τῆς κοινωνίας, ὑπὲρ τοῦ κακητέρου.

Ἡ πολιτικὴ τῶν μεγάλων πολιτικῶν τοῦ Κόσμου, εἶναι ἀκόμη στὴν ἀγρίαν κατάστασήν της· ἐπειδὴ συνίσταται εἰς τὸ πῶς, ζημιώνοντες τὰ ἄλλα ἔθνη, νὰ ὠφελοῦν τὸ ἐδικό τους. Σῶα πολιτικὴ μιὰ 'μέρα θὲ νὰ ἦναι, τὸ νὰ ζητῇ κάθε ἔθνος τὸ συμφέρον του εἰς τὸ κοινὸ παγκόσμιο συμφέρον.

Τὰ Δικαστήρια, καθὼς εἶναι σήμερα, διὰ μὲν τὴν Κυβέρνησην, εἶναι τὰ καλήτερά της Τελονεῖα. Διὰ δὲ τοὺς δικηγόρους εἶναι πληγὲς τοῦ λαοῦ-γαϊδάρου, ἀπάνου στὲς ὁποῖες οἱ δικηγόροι-κοράκοι βόσκουνε. Διὰ τὸν λαόν, τὰ Δικαστήρια εἶναι τρύπες ἄπατες, μέσα στὲς ὁποῖες ὁ λαὸς ρίχνει τὰ χρήματά του. Διὰ τὴν Δικαιοσύνην, εἶναι Ναοί, μέσα στοὺς ὁποίους ἡ θεὰ Δικαιοσύνη φενακίζεται. Διὰ ὅλους-ὅλους ἡ Δικαιοσύνη, εἶναι προσωπίδα εὔμορφη, ἀποκάτου στὴν ὁποία κρύφτεται μοῦτρο ἄσχημο.

Φενακίζεται δὲ ἡ Δικαιοσύνη ὄχι μόνον ὅταν πουλῆται καὶ ἀγοράζεται· ἀλλὰ καὶ ὅταν ἡ Διαδικασία εἶν' ἐννοημένη σὲ τρόπον, ὥστε νὰ διαιωνίζῃ τὲς δίκες, σκοπεύουσα κυρίως τὴν ἀργυρολογίαν τῶν προστρεχόντων

Two bodies are not equal. Two souls are not indistinguishable one from the other. Nature shudders at declarations of equality made by those younger. The equality of citizens before the law is a legislative necessity, not a natural truth: a legislative necessity which treats the better part of society unjustly, in favour of the worse.

The world's great politicians and their policies are still in a savage state as they entail reaping personal benefit at the expense of other nations. Sound policy will one day be each nation's search for its own interests within common worldwide interests.

The law courts as they are today are the government's best revenue collectors. For lawyers, they are wounds in the donkey-people: wounds on which the lawyer-crows feed. For the people, the courts are bottomless pits into which they throw their money, and for Justice, they are temples in which the Goddess of Justice is mocked. And for all, Justice is a beautiful mask, behind which an ugly face is hiding.

Justice is not only mocked when it is bought and sold, but also when court procedure is designed to lead to endless trials, scooping up the money of those who run to the courts. Under the English dis-

εἰς τὰ Δικαστήρια. Ἐπὶ Ἄγγλων, οἱ βασανισταὶ κρισολόγοι ἐτιμωροῦντο. Τώρα ἐπὶ ὁμοεθνῶν, οἱ βασανισταὶ κρισολόγοι ἔχουνε τὸ ἐλεύθερον· καὶ μᾶλλον ἐμψυχώνονται.

Εἰς τὰ Δικαστήρια, ὅποιος γνωρίζει νὰ ἔχῃ δίκῃο, φοβεῖται· ὅποιος γνωρίζει νὰ ἔχῃ ἄδικο, ἐλπίζει.

Ὅποιος γνωρίζει νὰ ἔχῃ δίκῃο, ἔχει κρυφὴ δύναμη. Ἐκεῖνο ποῦ τότε τοῦ χρειάζεται εἶναι τὸ θάρρος. Ἡ τόλμη ὑπὲρ τοῦ δικαίου καὶ τῆς ἀληθείας, δὲν εἶναι αὐθάδεια.

Μὲ δυσκολιά τους πάντα οἱ τίμιοι-νοήμονες ἐξεκολήσανε τοὺς ἀνόητους ἀπὸ τὴ χτηνώδη κατάστασή τους, καὶ τοὺς διεφθαρμένους ἀπὸ τὴ διαφθορά τους. Συχνὰ δέ, καὶ τὰ δύο τοῦτα στοιχεῖα ἐπαναστατήσανε ἐναντίον εἰς τοὺς εὐεργέτας τους τιμίους-νοήμονας, καὶ σκληρὰ τοὺς ἐτιμωρήσανε διὰ τὴν εὐεργεσία τους.

Ὅταν ὁ Χριστὸς ἐπεχείρισε νὰ ὑψώσῃ τοὺς ἀνθρώπους εἰς τὰς ἠθικὰς ἀληθείας τοῦ νοεροῦ κόσμου· οἱ ἄνθρωποι τὸν ἐτιμωρήσανε μὲ θάνατον.

Ὅταν ὁ Σωκράτης ἠθέλησε καὶ αὐτὸς νὰ διδάξῃ τοὺς ἀνθρώπους τὲς αἰώνιες ἀλήθειες τῆς ἠθικῆς· οἱ ἄνθρωποι τὸν ἐτιμωρήσανε καὶ αὐτὸν μὲ θάνατον.

Ὅταν ὁ Προμηθεὺς ἐπάσχισε ν' ἀνοίξῃ τὰ μάτια τῶν ἀνθρώπων εἰς τὸ φῶς τῆς ἀληθείας· οἱ ἄνθρωποι τὸν ἐτιμωρήσανε μὲ θάνατον.

Ὁ Ἀδὰμ καὶ ἡ Εὔα τέλος-πάντων, ἐπειδὴ ἀγαπήσανε

pensation,[1] malicious litigators were punished. Now, ruled by our compatriots, malicious litigators are free, and even encouraged.

In courts, those who know they are right, fear; whereas those who know they are wrong, hope.

He who knows he is right has hidden strength. What he needs is courage. Boldness for what is just and true is not insolence.

The honest and intelligent have always — with difficulty — saved the foolish from their brutish state and the corrupt from their depravity. Often, however, both the foolish and corrupt have revolted against their honest and intelligent benefactors and have punished them severely for their salutary deeds.

When Christ tried to raise Man with the moral truths of the spiritual world, Man punished him with death.

When Socrates too wanted to teach Man the eternal moral truths, he too was condemned to death.

When Prometheus struggled to open Man's eyes to the light of truth, Man punished him with death.

Adam and Eve, after all, sought and loved knowledge... so their descendants, unable to kill them,

κ᾿ ἐζητήσανε γνώση,... μὴν ἠμπορῶντες οἱ μεταγενέστεροι νὰν τοὺς θανατώσουνε, τοὺς ἐκαταρασθήκανε, τοὺς ἀφορέσανε ἐκειοὺς καὶ τὸ σπέρμα τους, καί, διὰ κηρύξεως, τοὺς ἐδιόξανε ἀπὸ τὸν Παράδεισο.

Χαιρετῶ πρῶτος τοὺς ἀνώτερούς μου, ἐπειδὴ τὸ θεωρῶ χρέος μου. Χαιρετῶ πρῶτος τοὺς κατώτερούς μου, ἐπιθυμῶντας νὰ τοὺς δείξω εὐπροσηγορία καὶ καλοσύνη. Χαιρετῶ πρῶτος τοὺς ὁμοίους μου, ἐπειδὴ θεωρῶ τὸν χαιρετισμὸν εὐγένειαν, καὶ φιλοτιμοῦμαι νὰ ἦμαι εὐγενικώτερός τους. Μόνον ἐκείνους ὁποῦ δὲν γνωρίζω δὲν χαιρετῶ πρῶτος, ἐπειδὴ δὲν τοὺς γνωρίζω.

Δουλεύουνε γιὰ σὲ οἱ ἐχθροί σου, ὅταν σὲ κατατρέχουνε ἀδίκως. Ὁ σπόρος τῆς ἀδίκου καταδρομῆς γεννᾷ πίκρες· ἀλλ᾿ οἱ καρποὶ τῶν πικρίων ἐκείνων εἶναι γλυκύτατοι.

Τὸ νὰ ἔχῃ κανεὶς φίλους ὅλους, εἶναι τὸ σύνηθες. Τὸ νὰ ἔχῃ ἐχθροὺς ὅλους, ᾿βγαίνει ἀπὸ τὸ σύνηθες. Τὸ νὰ ἔχῃ ἀληθινοὺς ἐπιστήθειους φίλους, τοῦτο εἶναι σπάνιο καὶ πολύτιμο Θεοῦ δῶρο.

Διὰ νὰ ἦναι σωστὲς ἡ ἰδέες μας, φθάνει μόνον νὰ πηαίνουνε στὸ σκοπό. Διὰ νὰ ἦναι δίκαιες πρέπει νὰν τὲς ἐγκρίνῃ ἡ συνείδηση.

damned them, excommunicated both them and their seed, and banished them by decree from Paradise.

I give the first greeting to my superiors because I consider it my duty. I give the first greeting to those beneath me, wanting to show courtesy and goodness. I give the first greeting to my equals because I consider such greeting to be polite and I pride myself on being more polite than they are. Only to those whom I do not know do I not give the first greeting, as I do not know them.[2]

Your enemies work for you when they unjustly persecute you. The seed of such unjust persecution is bitter, but the fruit of that bitterness is the sweetest.

It is usual to have everyone as one's friend. To have everyone as one's enemy is unusual. To have true bosom friends: that is rare, and a precious gift of God.

For our ideas to be correct, it is enough that they achieve a specific aim. For them to be just, however, they must be approved by our conscience.

Ἡ ἀπαξίωση ν' ἀπαντήσουμε, εἶναι ἴσως ἡ ὡραιότερη ἀπὸ τὶς ἀπαντήσεις: συχνὰ ὅμως καὶ τὸ ἔσχατο καταφύγιο κάθε ἀπελπισμένης ὑπόθεσης.*

Κάθε πυρῆνας γίνεται κέντρο ἕλξης, καὶ ἕλκει πράγματα ὁμογενῆ στὴ φύση του. Ἔτσι καὶ στὸ ἠθικὸ πεδίο, βλέπουμε πῶς ὁ τυχερὸς ἐξακολουθεῖ νὰ εἶναι πάντα τυχερός, ἐνῶ στὸν ἄτυχο πέφτουν πάντα καινούργιες συμφορές.**

Ἐκεῖνος ὁποῦ δὲν θυσιάζει τὴν ὑπόληψή του στὴ συνείδησή του, δὲν ἠμπορεῖ νὰ 'ποθῇ τίμιος ἄνθρωπος. Ἡ ὑπόληψη ὅταν ἦναι προσπαθησμένη, εἶναι ἀξιοκαταφρόνητη. Ἡ ὑπόληψη πρέπει νὰ ἔρχεται μόνη της, καὶ ἀγύρευτη· καὶ πρέπει νὰ ἦναι τὸ ἀποτέλεσμα τῆς ἀξίας· ὄχι ὁ σκοπὸς τοῦ ἀνθρώπου. Ἕνας ὁποῦ κάνει σκοπό του τὴν ὑπόληψή του, εἶναι ἐπικίνδυνος ἄνθρωπος. Ἐκεῖνος, εἰς τὴν περίσταση, δὲν εἶναι καλὸς συγγενής, οὔτε καλὸς φίλος, οὔτε καλὸς πολίτης, οὔτε καλὸς ἄνθρωπος. Ἐξεναντίας, ἐκεῖνος ὁποῦ κάνει τὰ χρέη του, χωρὶς νὰ τόνε μέλη γιὰ ὑπόληψη, ἐκεῖνος μόνος εἶναι ἄξιος γιὰ ὑπόληψη. Ἡ ὑπόληψη ποῦ ὁ κόσμος ὁλόκληρος ἤθελε μᾶς ἔχει ἀδίκως, δὲν ἀξίζει τὴν ὑπόληψη ποῦ ἐμεῖς μόνοι ἤθελ' ἔχουμε τοῦ ἑαυτοῦ μας δικαίως.

---

* Τὸ πρωτότυπο στὰ ἰταλικά. Βλέπε σελ. 113.
** Τὸ πρωτότυπο στὰ ἰταλικά. Βλέπε σελ. 113.

Not deigning to answer may be the best answer: usually however it is the last refuge in every hopeless case.*

Every nucleus becomes a centre of attraction, attracting things of a like nature. We see the same on the moral plane: the lucky continues to be lucky, while the unlucky continues to get new misfortunes.**

He who doesn't sacrifice his reputation to his conscience cannot be considered an honest man. When reputation is cultivated, it is contemptible. Reputation should come on its own, unsought, and must be the result of a man's value; he must not aim for it. He who makes reputation his goal is a dangerous man. Such a man, in time of need, is neither a good relative nor a good friend, nor a good citizen, nor a good person. Whereas he who does his duty, regardless of reputation, only he is worthy of esteem. Undeserved respect bestowed by the whole world is not worth the respect which one justly bestows upon oneself.

---

* Original in Italian. See page 113.
** Original in Italian. See page 113.

Ἡ ἀλήθεια μέσα στὸ στῆθος ἐκείνου ποὺ δὲν τολμάει νὰν τὴν εἰπῇ, εἶναι ΄σὰν τὰ χρήματα μέσα στὸ σεντοῦκι ἐκείνου ποῦ δὲν τολμάει νὰν τὰ ΄ξοδεύῃ. Ἀλήθεια καὶ χρήματα, δὲν ὠφελοῦν παρὰ ὅταν διαδίδονται, ἐξοδεύονται.

Ἡ ἀλήθεια εἶναι μία οὐράνια ἀχτίνα, ποῦ, διὰ ὅσον ὁ κόσμος τὴ σκεπάζει, ἐκείνη μένει ἀπάνου ἀπὸ τὰ σκεπάσματα.

Ἡ ἀλήθεια εἶναι ἕνας ἠθικὸς καθρέφτης, εἰς τὸν ὁποῖον οἱ ἠθικῶς ἄσχημοι δὲν ἐπιθυμοῦνε νὰ κυττάζονται.

Ἕνας οἰκοκύρης γκρίνιαρης, ἠμπορεῖ, θέλοντας, νὰ δόσῃ καὶ μεγάλη βοήθεια, μεγάλη ΄ξανάσαση στὴν οἰκογένειά του, πέρνοντας τὸ καπέλο του καὶ βγαίνοντας ἔξω.

Τὸ νὰ κλειοῦμε τὰ μάτια μας σ΄ ἐκείνους ὁποῦ μᾶς ὑβρίζουνε, εἶναι συχνὰ γενναιότητα. Τὸ νὰν τὰ ἀνοίγωμε καλὰ σ΄ ἐκείνους ὁποῦ μᾶς ἐπαινοῦνε, εἶναι πάντοτε φρονημάδα.

Δὲν πρέπει, δὲν εἶναι συγχωρημένο νὰ προσβάλλωμε, ἢ ν΄ ἀποκριθοῦμε στὴν προσβολή, ἑνὸς ὁποῦ βάνεται στὴ διάθεσή μας.

Δὲν εἶναι πρᾶμμα πουλιὸ δύσκολο ἀπὸ μίαν καλὴ μετάφραση. Δὲν εἶναι πρᾶμμα πουλιὸ εὔκολο ἀπὸ μίαν κακὴ μετάφραση.

Truth in the heart of one who dare not speak it is like money in the coffer of one who dare not spend it. Truth and money are worthless unless exchanged, spent.

Truth is a heavenly ray, which, however people try to cover it, continues to shine above the cover.

Truth is a moral mirror into which the morally ugly don't want to look.

A bad-tempered master of the house may, if he chooses, give his family great help and relief by taking his hat and going out.

Closing our eyes to those who insult us is often courageous. Opening them wide to those who praise us is always wise.

One ought not — it is unforgivable — insult, or respond to an insult from, one who is placed in a position of dependence on us.

There is nothing more difficult than a good translation. There is nothing easier than a bad translation.

Οἱ χυδαῖοι βάνουν τὴν ἀρετή τους, τὴν ἠθική τους, τὴ θρησκεία τους, εἰς τὴ διατήρηση τῶν ἐθήμων τους. Τὸ ἔτσι τὸ 'βρίκαμε εἶναι ὁ κανόνας ὅπου βάνουν εἰς τὸν ἑαυτόν τους, καὶ τὸ μεγάλο δίκηο ποῦ δίνουνε στοὺς ἄλλους.

Κανεὶς ποτὲ δὲν ἐνθουσιάζεται, δὲ φανατίζεται διὰ τὰ χρέη του. Ἐνῷ ὅλοι, ἀπὸ τὸ περσσότερο στὸ 'λιγώτερο, ἐνθουσιάζουνται καὶ φανατίζουνται διὰ τὰ συμφέροντά τους. Ἔτσι, ὅπου βλέπεις ἐνθουσιασμὸ καὶ φανατισμό, ἐκεῖ πάντεχε πῶς εἶναι συμφέροντα· ὄχι ἀρετή.

Δὲν εἶναι πρᾶμμα ποῦ νὰ ἱκανοποιῇ περισσότερο, ἀπὸ τὴν ἠθικὴν κατωτερότητα τῶν ἀντιπάλων μας ἡ ὁποία τοὺς κάμνει ποχειρίους μας.

Ὁ καλὸς καὶ φρόνημος οἰκογενειάρχης, δὲν πρέπει νὰ ἐνθυμεῖται τὴ μεγάλη ἐξουσία ποῦ τοῦ δίνουν οἱ νόμοι, παρὰ μόνον εἰς ἔχταχτες περίστασες, εἰς τὲς ὁποῖες ἤθελε βλέπει τὰ μεγάλα συμφέροντα τῆς οἰκογενείας εἰς κίνδυνον. Εἰς δὲ τὴν ταχτικὴ καθημερούσια ζωή του, νὰ θεωρῇ τὸν ἑαυτό του ὡς ἁπλοῦν μέλος τῆς οἰκογενείας, καὶ νὰ διάγῃ μὲ τὴν οἰκογένειάν του ὡς τοιοῦτος.

Δὲν εἶναι πρᾶμμα ποῦ νὰ κάνῃ περσσότερην ἀηδία, ἀπὸ τὸν ἔπαινον ὅπου μᾶς γένεται ἀπὸ ἀνθρώπους ὅπου δὲν ἠξέρουνε νὰ ἐπαινοῦνε. Ὁ ἔπαινος διὰ νὰ ἦναι εὐχάριστος

— 36 —

The vulgar put their virtue, their morality, their religion, at the service of their traditions. "That is how we found things" is the rule they impose on themselves, and the great justification they offer to others.

Nobody ever enthuses or becomes fanatical about his obligations. Whereas all, from the most to the least, enthuse and become fanatical about their own interests. Thus, wherever you see enthusiasm and fanaticism, there expect interest, not virtue.

There is nothing that satisfies more than the moral depravity of our adversaries, which makes them subject to us.

The good and well-behaved head of the family should not be mindful of the great authority given him by law, except in extreme circumstances, when he looks to the greater interest of a family in danger. In normal everyday life, he should consider himself a simple family member, and live with his family as such.

There is nothing that causes greater disgust than praise from those who don't know how to praise. Praise, to be pleasing to a decent person, should not

εἰς ἄνθρωπον καθὼς-πρέπει, νὰ μὴ δείχνῃ ὅτι γίνεται διὰ νὰ μᾶς ἐπαινέσῃ. Ὁ πλάγιος ἔπαινος εἶναι ὁ εὐγενικώτερος· ὡς ἡ πλαγία σάτυρα εἶναι ἡ δριμύτερη.

Οἱ λογιώτατοι δίνουν ἰδέες κοινές, ἐνδυμένες μὲ λόγια σοφά. Ἂν ἐξεναντίας ἐδίνανε ἰδέες σοφές, μὲ λόγια κοινά, ἤθελε ὠφελοῦν τόσο, ὅσο τώρα ἀδικοῦνε τὸ Ἔθνος.

Σὲ μιὰ σκαιότητα μπορεῖτε νὰ μὴν ἀπαντήσετε μὲ ἄλλη σκαιότητα. Ἀλλὰ σὲ μιὰ εὐγένεια, ὀφείλετε ν' ἀπαντήσετε μὲ ἄλλη εὐγένεια.*

Δὲν εἶναι πρᾶμμα ποῦ νὰ πικραίνῃ, καὶ νὰ παροξύνῃ τὸν ἄνθρωπον περσσότερο, ἀπὸ μίαν πνευματώδη ἐγγιχτικὴν ἀλήθεια. Ἡ ἀλήθεια διὰ νὰ ἦναι ὑποφερτὴ πρέπει νὰ ἦναι ταπεινή, μελομένη, ἄπνευμη· νὰ ἐννοεῖται περισσότερο παρὰ νὰ λέγεται· καὶ νὰ εἴμασθε πάντα ἕτοιμοι νὰν τὴν ἀποτραβίξωμε, ἂν ἡ χρεία τὸ καλέσῃ.

Οἱ ἄνθρωποι καταδικάζουν τὰ ἐλαττώματά τους ὅταν τὰ βλέπουν στοὺς ἄλλους. Ταυτόχρονα ὅμως ἐπωφελοῦνται σὲ κακὸ ἀπ' αὐτὸ τὸ παράδειγμα, ποὺ τοὺς ἐνθαρρύνει. Γι' αὐτό, στὸ σπάταλο π.χ. δὲν πρέπει ποτὲ νὰ μιλᾶμε γιὰ ἄλλους σπάταλους, οὔτε γιὰ νὰ τοὺς κατακρίνουμε, στὸ φιλάργυρο γιὰ φιλάργυρους, στὸ φθονερὸ

---

* Τὸ πρωτότυπο στα ιταλικά. Βλέπε σελ. 113.

show that it is given as praise. Indirect praise is the politest, just as indirect satire is the sharpest.

Scholars give common ideas dressed in wise words. If on the contrary, they expressed wise ideas with common words, they would benefit the Nation as much as they now do it injustice.

One need not reply to a discourtesy with another discourtesy. But to a courtesy one is obliged to reply courteously.*

There is nothing that can embitter and irritate a person more than a spirited, piercing truth. For truth to be bearable, it must be humble, sweetened, spiritless; it should be meant rather than spoken. And we should always be ready to withdraw it if necessary.

People condemn their own faults when they see them in others. At the same time however they take advantage of this bad example, which encourages them. And so it doesn't do for us to talk with prodigal people about other prodigal people, nor yet to condemn them. Nor with the miser about the miser-

---

* Original in Italian. See page 113.

γιὰ φθονεροὺς κ.λπ. κ.λπ. Ὅλοι αὐτοὶ θὰ ἑνωθοῦν μαζί μας γιὰ νὰ κατακρίνουν τέτοια ἐλαττώματα. Ταυτόχρονα ὅμως θὰ ἐνθαρρυνθοῦν γιὰ νὰ γίνουν πιὸ σπάταλοι, πιὸ φιλάργυροι καὶ πιὸ φθονεροί, βλέποντας μαζί τους καὶ ἄλλους.*

Πρόσεχε εἰς ἐκείνους ὁποῦ κατηγοροῦνε μ' ἐπίδειξη τὰ στραβὰ τῆς κοινωνίας. Ἐπειδὴ εἶναι πολλοὶ ποῦ τὰ κατηγοροῦνε διὰ νὰ δείξουνε πῶς καὶ ἄλλοι τὰ κάνουνε· καὶ ἔτσι νὰ ἔχουν' ἕνα κάποιο δικαιολόγημα καὶ αὐτοί, εἰς τὴν τάχα γενικὴ διαφθορά.

Εἶναι κάποιες κακὲς ἰδιότητες τῆς ψυχῆς, ὁποῦ ὁμοιάζουνε μὲ καλὲς ἄλλες. Ἡ αὐθάδεια, λ.χ. συγχαίεται συχνὰ μὲ τὸ θάρρος· ἡ δειλία, μὲ τὴν ταπεινοσύνη· ἡ κουταμάρα, μὲ τὴν καλοσύνη· κλ. Συμβαίνει δὲ καὶ τὸ ἀνάπαλιν.

Ἀλήθεια εἰς τὴ συνείδηση, ἀλλ' ὄχι ἀκόμη στὰ χείλη· εἶναι θεμέλιο ἀπάνου στὸ ὁποῖο δὲν ἐγίνανε ἀκόμη πύργοι.

Εἶναι ἕνας βαθμὸς νοημοσύνης ἀνώτερος ἀπὸ τὴν κοινὴ νοημοσύνη· καὶ τοῦτος εἶναι ἐκεῖνος εἰς τὸν ὁποῖον, ὁ ἄνθρωπος ἠμπορεῖ νὰ βλέπη καὶ νὰ κρένη τὰ σημερνά, καθὼς βλέπει καὶ κρένει τὰ ἀπερασμένα στὴν ἱστορία.

---

* Τὸ πρωτότυπο στα ιταλικά. Βλέπε σελ. 113.

— 40 —

ly, the envious about the envious, etc. etc. All these will join us in condemning such faults. But at the same time they will be encouraged to become more prodigal, more miserly, more envious, seeing others beside them.*

Beware of those who ostentatiously condemn people's wrongs, for there are many who condemn them just to show that others do wrong, so they too have some excuse to join in the supposed general depravity.

There are certain bad characteristics of the soul which resemble good ones. Insolence for example is often mistaken for boldness, cowardice for humility, stupidity for goodness. The opposite, too, often happens.

Truth in the conscience, but not yet on the lips is a foundation on which towers have not yet been built.

There is a degree of intellect above the common, and it belongs to the person who can see and judge the present just as he sees and judges the past events of history.

---

* Original in Italian. See page 113.

Εἶναι κίνδυνος νὰ πιάσῃ κανεὶς τὸν κλέφτη ἐπ᾽ αὐτοφόρῳ· καὶ ἡ ἀπάτη τῆς κοινωνίας εἶναι ὁ κλέφτης της· καὶ ἂν τῆς τὸν δείξῃς, κινδυνεύεις νὰ χάσῃς τὴν ὑπόληψή της καὶ τὴν ἀγάπη της.

Τὰ πάθη μας, ἀδίκως καταδικασμένα ὡς ἀπαίσια πράγματα, εἶναι ὅμως ἐκεῖνα ποῦ κάμνουν τὸν ἄνθρωπον. Ἀπαθὴς ἄνθρωπος εἶναι ξόανο. Δὲν πρέπει ὅθεν νὰ σβύνονται τὰ πάθη· ἀλλὰ μᾶλλον νὰ διευθύνονται εἰς τὸ καλό. Σβυνόμενα τὰ πάθη, σβύνεται ὁ ἄνθρωπος· ἀναπτυσσόμενα, ἀναπτύσσεται· καὶ ἀναπτύσσεται κατὰ τὴν διεύθυνσην ὁποῦ λάβει ἡ ἀνάπτυξη τῶν παθῶν του. Διεύθυνε τὰ πάθη πρὸς τὸ κακό, καὶ θέλει ἔχεις τὸν διεστραμμένον ἄνθρωπον. Διεύθυνε τὰ πάθη πρὸς τὸ καλό, καὶ θέλει ἔχεις τὸν πολύτιμον ἄνθρωπον.

Ὅταν εἴμασθε γέροντες, ἐνθυμούμενοι τὴ νεανικὴ ζωή μας, λυπούμασθε ὅτι ἐκάμαμε πολλὰ τὰ ὁποῖα ἐπιθυμοῦμε νὰ μὴν ἤθελε κάμωμε· καὶ ὅτι δὲν ἐκάμαμε πολλὰ ἄλλα, τὰ ὁποῖα ἔπρεπε νὰ ἤθελε κάμωμε.

Ἡ κατάχρηση εἶναι ἡ φυσικὴ κατάσταση τοῦ ἀνθρώπου εἰς τὴν ἀγριότητά του· ἡ φυσική του κλίση εἰς τὸν ἡμιεξευγενισμόν του· καὶ τὸ ἀποφευκτόν του εἰς τὴν ἐντελῆ του ἐξευγένισην.

Ὁ πλοῦτος ἀναβηβάζει τὸν νεόπλουτον ἀγοραῖον· ἀλλὰ ἡ φτώχεψη δὲν καταβιβάζει τὸν διακεκριμένον ἄνθρωπον.

It is dangerous for someone to catch the thief red-handed, and society's deceit is its own thief. And if you tell society that this is so, then you risk losing its respect and love.

Our passions, unjustly condemned as something disgusting, are nonetheless what makes a person. A passionless person is a puppet. Passion ought not be extinguished, but rather guided towards the good. Passions smothered, man is smothered: expressed, he grows, and he flourishes under the direction of his developing passions. Lead the passions to the bad, and you will have the wicked person. Lead the passions to the good, and you will have the person of worth.

When we are old, remembering our young life, we are sorry that we did much which we wish we had not done, and that we did not do many others which we should wish to have done.

Excess is the natural state of Man in his savagery, his natural tendency in his half-civilization, and avoidable in his complete civilization.

Wealth lifts up the vulgar newly rich, but poverty does not lower the distinguished person.

Εἴν᾽ ἐκεῖνοι ποῦ δὲν εἶναι ἄξιοι διὰ τὸ πνεῦμα τους· ὡς ἐκεῖνοι ποῦ δὲν εἶναι ἄξιοι διὰ τὰ πλούτη τους. Καὶ τῶν δύο ἡ ἀναξιότητα συνίσταται στὴν κακὴ μεταχείριση ποῦ κάνουν᾽ εἰς τὰ δύο τοῦτα.

Τὴ δημόσια γνώμη τὴν ἐχτιμῶ πολύ, ὅταν νομίζω νὰ ἔχη δίκηο. Ὅταν νομίζω νὰ ἔχη ἄδικο, δὲ τὴν ψηφῶ διόλου· ὡς νὰ μὴν ὑπῆρχε.

Οἱ ἀρρώστειες εἶναι πολυέξοδες καὶ ἀχρείαστες. Καὶ γι᾽ αὐτὸ θἄπρεπε νὰ ὑπολογίζονται ἀνάμεσα στὰ πράγματα πολυτελείας καὶ νὰ μὴν εἶναι παρὰ γιὰ τοὺς πλούσιους, (λέει ἡ γυναῖκα μου).*

Ἡ σπατάλη εἶναι ἀθέτηση τῆς οἰκονομίας. Ἡ φιλαργυρία εἶναι κατάχρηση τῆς οἰκονομίας. Φιλαργυρία ὅθεν καὶ Σπατάλη, ἀδελφάδες ἀντίθετες τῆς Οἰκονομίας.

Οἱ ποιηταὶ στὴν Ἑλλάδα, εἶναι ᾽σὰν τοὺς Κόντιδες εἰς τὴ Ζάκυνθο, ὅπου δὲν εἶναι ἄνθρωπος ποῦ νὰ μὴν εἶναι κόντες. Ἀλλοίμονο! Ἕνα ἔθνος ποιητάδες, εἶναι ἕνας κάμπος τσιντσίκους. Μὰ τούλάχιστον οἱ τσιντσίκοι θρέφουνται μὲ τὴ δροσιὰ ποῦ ὁ Ὕψηστος γνοιάζεται καὶ τοὺς στέλνει ἀεννάως οὐρανόθεν· ἐνῷ ὁ ἄνθρωπος χρεωστεῖ νὰ τρώγη τὸ ψωμί του μὲ τὸν ἵδρωτά του.

---

* Το πρωτότυπο στα ιταλικά. Βλέπε σελ. 114.

There are those who are not worthy of their intellect just as there are those who are not worthy of their wealth. And in both cases the unworthiness is based on their incorrect use.

I value public opinion highly, when I think it's right. When I think it's wrong, I don't consider it at all — as if it didn't exist.

Illnesses are not needed, and they're very expensive. So they should be considered among luxury items, and not to be for anybody except the rich (says my wife).*

Waste is a violation of economy. Niggardliness is an abuse of economy. So niggardliness and waste are brother opposites of economy.

Poets in Greece are like Counts in Zakynthos, where there is no man who isn't a Count. Alas! A nation of poets is a field full of cicadas. But at least the cicadas feed on the dew which the Almighty takes care to send eternally from the heavens, whereas Man must earn his bread by the sweat of his brow.

---

* Original in Italian. See page 114.

Οἱ καινοτόμοι δὲν εἶναι ποτὲ τόσο σπρογμένοι ὅσον εἶναι οἱ ἀκόλουθοί τους. Ἐπειδὴ ὁ καινοτόμος εἶναι μόνον γεννήτωρ τῆς ἰδέας· ἀλλὰ οἱ ἀκόλουθοί του εἶναι θιασῶται της.

Δὲν εἶναι ἀμφιβολία. Ὁ Θεὸς ἔκαμε ὅλα τὰ καλά· ὁ Διάολος ἔκαμε ὅλα τὰ κακά. Ὁ Θεός ἔκαμε τὲς εὐκολίες· ὁ Διάολος ἔκαμε τὲς δυσκολίες. Ὁ Θεὸς ἔκαμε τὰ φαγητά· ὁ Διάολος ἔκαμε τὲς νηστεῖες. Ὁ Θεὸς ἔδειξε τὸν γάμον· ὁ Διάολος ἔβαλε τα 'μπόδια στὸν γάμον. Ὁ Θεὸς ἔδοσε τὸ Ὀρθὸ Λογικό· ὁ Διάολος ἔμπηξε τὲς πρόληψες. Ὁ Θεὸς εἶπε, «αὐξάνεσθε καὶ πληθύνεσθε»· ὁ Διάολος εἶπε, «γενόσθενε καλόγηροι καὶ κλειόσθενε». Ὁ Θεὸς ἔκαμε τὸν Παράδεισο· ὁ Διάολος ἔκαμε τὴν Κόλαση. Ὁ Θεὸς ἔκαμε τὴν Ἐκκλησία· ὁ Διάολος ἔκαμε τοὺς παπάδες.

Ἀλλοίμονον εἰς ἐκεῖνον ὁποῦ, ὑποχρεομένος νὰ ζήσῃ στὸν Τόπο του, γένει καλήτερος ἀπὸ τοὺς συντοπίτες του. Ἡ ἀδιακρισία του εἰς τὸ νὰ γένῃ καλήτερος, καταντᾷ προσβλητική, καὶ ἐρεθίζει τοὺς ἄλλους ἐναντίον του.

Ὁ πλούσιος ἔχει ὅλες τὲς χάρες, ἕως ὅτου εἶναι παρῶν. Ἀναχωρῶντας, τὲς πέρνει μαζύ του, καὶ γένεται τιποτένιος γιὰ 'κειοὺς ποῦ μένουνε.

Ἡ μεγαλοπρεπέστερη ἐργασία τοῦ ἀνθρωπίνου πνεύματος εἶν' ἐκείνη, διὰ τῆς ὁποίας ζητεῖ νὰ ἐννοήσῃ καὶ νὰ

— 46 —

The innovators are never as zealous as their followers. For the innovator is only the bearer of the ideas, but the followers are the ideas' supporters.

There is no doubt. God made all the good; the Devil made all the bad. God made the easy; the Devil made the difficult. God made food; the Devil made fasting. God showed us marriage; the Devil put in hindrances to marriage. God gave us correct logic; the Devil thrust in superstitions. God said "Grow and multiply"; the Devil said "Become monks and shut yourselves away". God made Paradise; the Devil made Hell. God made the Church; the Devil made the priests.

Woe to him who, obliged to live in his homeland, becomes better than his fellow countrymen. His tactlessness in becoming better constitutes an insult, and provokes the others against him.

The rich man has all the favours, as long as he's there. Going away, he takes them with him, and becomes a nobody for those who remain.

The most splendid deed of the human spirit is that which seeks to understand and imagine God. Man falls short when, unsatisfied with this, he attempts to

φαντασθῆ τὸν Θεόν. Καταπίπτει δὲ ὅταν, μὴ ἀρκούμενος εἰς σὲ τόσο, βάνεται νὰν τὸν πλάση. Καὶ μωρολογεῖ ὅταν τὸν πλάθη κατ᾽ εἰκῶνα καὶ ὁμοίωσην ἐδικήν του.

Ὁ ἄνθρωπος ὁποῦ ζῆ σὲ μικρὸν Τόπο, καὶ τὸ δένδρο τὸ φυτεμένο σὲ λίγο χῶμα, ἐλάβαν᾽ τὴν ἴδια τύχη καὶ θέλ᾽ εἶναι θαῦμα ἂν ὁ κορμὸς τοῦ δένδρου ἐκείνου, ἂν τὸ πνεῦμα τοῦ ἀνθρώπου ἐκείνου, λάβουνε μεγάλην ἀνάπτυξη.

Ἀπαντᾶς ἀνθρώπους μὲ λαμπρὰ φορέματα· μὲ χρυσὸ ρολόϊ, χρυσόπωμο ραβδί, καὶ τὰ λοιπὰ ἀνάλογα. Θὰν τοὺς ὑποθέσης πλουσίους. Ἀλλὰ συμβαίνει ποῦ, οἱ καϋμένοι, ὅσα βλέπεις, εἶναι ὅλα ὅσα ἔχουνε.

Κοντὰ σὲ τούτους, ἀπαντᾶς καὶ ἄλλους, εὐπρεπῶς μόνον ἐνδυμένους. Καὶ θὰν τοὺς ὑποθέσης κατωτέρους τῶν πρώτων. Ἀλλὰ συμβαίνει ποῦ τοῦτοι εἶναι πλούσιοι.

Σὲ τοῦτα τὰ δύο πρότυπα τοῦ ὑλικοῦ κόσμου, ἀντιστοιχοῦν δύο ἄλλα τοῦ ἠθικοῦ, ἢ πνευματικοῦ. Ἔτσι,

Ἀπαντᾶς ἀνθρώπους ὁποῦ ὅλο μὲ μίας σὲ σαστίζουνε μὲ τὸ πνεῦμα τους. Θὰν τοὺς ὑποθέσης σπουδαίους ἀνθρώπους. Ἀλλὰ συμβαίνει ποῦ, οἱ καϋμένοι, σοῦ ἐδειχθήκανε στὴν ὁλότητά τους. Δὲν ἔχουν ἄλλο.

Κοντὰ σὲ τούτους, ἀπαντᾶς καὶ ἄλλους συστελλομένους καὶ δειλιῶντας. Θὰν τοὺς ὑποθέσης κατωτέρους τῶν πρώτων. Ἀλλὰ συμβαίνει ποῦ τοῦτοι ἔχουνε γνήσιο φυσικὸ πνεῦμα καὶ ἀποχτημένην ἱκανότητα.

create God. And he talks nonsense when he makes God in his own image.

The person who lives in a small country and the tree planted in little soil suffer the same fate, and it would be a miracle if the tree's trunk or the man's spirit were to grow great.

You meet people with fine clothes; with a gold watch, a gold-topped cane and suchlike. Probably you think them rich. But it can happen that, poor things, what you see is all they have.

Then again, one meets others, merely decently dressed, and you might suppose them lower than the previous ones. But it turns out they are rich.

To these two types in the material world, there correspond two more in the moral, the spiritual.

Thus, you meet people who duzzle you with their spirit. You might suppose them important people. But it turns out that the poor things have shown themselves to you in their totality; they have no more.

Yet again, you meet others, shy and timid. Perhaps you think them lower than the previous ones. But it turns out that these have genuine natural spirit and acquired abilities.

Ποῖος γέροντας κυττάζοντας εἰς τὸ παρελθόν του, δὲν ἤθελ᾿ ἐπιθυμήσει νὰ ἡμποροῦσε νὰ ξεειπῇ πολλὰ ἀπ᾿ ὅσα εἶπε, καὶ νὰ ξεκάμῃ πολλὰ ἀπ᾿ ὅσα ἔκαμε;!

Δὲν εἶμ᾿ ἐγὼ ποῦ ἀγαπῶ καὶ θέλω τὸ ἐλάττωμά μου. Εἶναι τὸ ἐλάττωμά μου ποῦ ἀγαπᾷ καὶ θέλει ἐμέ. Ἐγὼ μόνον σέρνουμαι ἀπὸ αὐτό. Ἀλλοίμονο, εἶμαι παίγνιό του!

Δὲν δικάει νὰ ἀποχτοῦμε καὶ νὰ ἔχουμε ἰδέες. Χρειάζεται, διὰ τὴ στερέοσή τους εἰς τὸ πνεῦμα μας καὶ νὰν τὲς διατυπόνομε μὲ φράσες ρητὲς καὶ γραφτές. Ἐπειδὴ μόνον εἰς τὴ διατύπωσή τους ξεκαθαρίζουνται καλήτερα, γένουνται φανερώτερες, ἀκριβέστερες· κ᾿ ἐμεῖς γενόμασθε περσσότερο κύριοι αὐτῶν.

Ὅση περσσότερη ἀσυνέπεια, παραδοξολογία, καὶ τραγελαφία, στὲς θρησκεῖες, τόση περσσότερη θρησκευτικὴ γνησιότητα καὶ ἁρμοδιότητα εἰς αὐτές.

Μία θρησκεία λογική, ἤθελ᾿ εἶναι αὐτόχρημα καινοτομία. Ἀπαράδεχτη ἀκολούθως καὶ ἀπορρίψημη. Τέτοια ὅμως θέλ᾿ εἶναι ἡ θρησκεία τοῦ μέλλοντος.

Ὁ συκοφάντης εἶναι ποιητής· ἐπειδὴ ποιεῖ κ᾿ ἐκεῖνος καὶ πλάθει μὲ τὴ φαντασία του, τὴν ὕλη καὶ τὴν πλοκὴ τῆς συκοφαντίας του.

What old man looking back on the past did not wish he could take back many things he said, and undo many things he did?!

It is not I who love and want my fault. It is my fault that wants and loves me. I am simply dragged along by it. Alas, I am its plaything!

It's not enough to get and have ideas. It's necessary, in order to fix them in our minds, also to impress them in spoken and written phrases, because only in their expression are they best made clear, become more apparent, more precise, and we become more their masters.

The greater the inconsistency, paradoxicality and grotesquery in religions, so much the greater their religious authenticity and competence.

A logical religion would indeed be a *novelty*. Consequently unacceptable and rejected. Such, however, will be the religion of the future.

The sycophant is a poet, since he too creates and moulds with his fantasy the material and plot of his sycophancy.

Μυθολογία: Θεολογία. Μὲ τὸ ὄνομα Μυθολογία, ἐννοοῦμε τὴ Θεολογία τῶν προγόνων μας. Μὲ τὸ ὄνομα Θεολογία, οἱ ἀπόγονοί μας θέλει ἐννοοῦν τὴ Μυθολογία τὴν ἐδική μας.

Αὐτοκρατορία. Βασιλεία. Δημοκρατία. κλ. Ὅλα τοῦτα δηλοῦν Κυβέρνησην. Ἡ δὲ εὐημερία τῶν πολιτῶν κρέμεται ἐξολοκλήρου ἀπὸ τὶς διάθεσες τῶν Κυβερνούντων μᾶλλον παρὰ ἀπὸ τὸν ὀργανισμὸν καὶ σχῆμα τῆς Κυβερνήσεως. Πραγματικῶς, εἴδαμε Δημοκρατίες φρικωδῶς τυραννικές· καὶ Αὐτοκρατορίες πατρικώτατες. Ἐν γένει, — ἡ Μοναρχία προτιμᾶται ἀπὸ ἀνθρώπους δοσμένους εἰς τὴ δουλιά τους, καὶ ἀφίνοντας εἰς τοὺς ὀλίγους ἁρμοδιώτερους τὴν κυβέρνησην τῆς κοινωνίας. Ἡ Δημοκρατία προτιμᾶται ἀπὸ ἀνθρώπους φιλάρχους, βλέποντας εἰς αὐτὴν πειθανότητα τοῦ νὰ ἄρξουν.

Ἡ θρησκεία ἐκατάντησε σὲ χέρια ἀνθρώπων, οἱ ὁποῖοι δὲν πιστεύουν τὴν ὕπαρξη τοῦ Θεοῦ· καὶ μόνον μεταχειρίζουνται τὰ θρησκευτικὰ 'σὰν ἀλουπότεχνη, ἐκεῖ ποῦ δὲν φθάνει ἡ δύναμη τοῦ νυχιῶνε τους.

Ἀποκάλυψη, θρησκευτικῶς ὁμιλῶντας, θὰ 'πῆ δήλωση καταμόνας καμομένη ἀπὸ τὸν Θεὸν εἰς ἕναν ἄνθρωπον. Μία τέτοια δήλωση, εἶναι ἀποκάλυψη διὰ ἐκεῖνον μόνον εἰς τὸν ὁποῖον ἔγινε. Ἡ δὲ διήγηση ποῦ αὐτὸς κάμνει τῆς ἀποκαλύψεως ἐκείνης, εἶναι μόνον διήγηση, τὴν ὁποίαν καθένας εἶν' ἐλεύθερος νὰ πιστέψῃ, ἢ ὄχι.

— 52 —

Mythology: Theology. By the name *Mythology* we mean the Theology of our ancestors. By the name *Theology* our descendants will mean our Mythology.

Autocracy. Monarchy. Democracy etc. All these are forms of *Government*. The welfare of citizens depends entirely on the dispositions of those who govern rather than the organization and form of Government. In fact, we have seen horribly tyrannical Democracies and the most fatherly autocracies. In general, Monarchy is preferred by people who have devoted themselves to their work, leaving to the few most compitent the government of the community. Democracy is preferred by those who love authority, seeing in it their own chance to lead.

Religion has fallen into the hands of people who do not believe in the existence of God and only exploit the religious, as a fox-like trick where the power of their claws cannot reach.

Revelation, religiously speaking, means a declaration made by God to one person exclusively. Such a declaration is a revelation only to the person to whom it was made. The explanation he makes of that revelation is only an account, which one is free to believe or not.

Ύψωσε τὴν ψυχήν σου καὶ τὴν φαντασίαν σου εἰς τὰ ἀπειράριθμα ἡλιακὰ συστήματα τοῦ ἀπείρου Παντός. Ἰδὲς εἰς αὐτὰ ὅλα ἑνωμένα ἕνα μόριον τῆς Μεγαλειότητος τοῦ Θεοῦ, καὶ στοχάσου ἐνταυτῷ ὅτι, τὰ χριστιανικὰ 'μπαίγνια πιστεύουνε, πῶς τὸν Θεὸν ἐκεῖνον τόνε γνοιάζει τὶ μαγερεύουμε καὶ τὶ τρῶμε, διὰ νὰ μὰς ἀνταμοίψῃ ἢ νὰ μὰς παιδέψῃ!... Ὁποία 'μπαιγνιοσύνη!...

Τὸ «Δόξα σοι ὦ Θεὸς» εἰς τὲς δυστυχίες, εἶναι μία εἰρωνία, μία παρῳδία τοῦ «Δόξα σοι ὦ Θεὸς» εἰς τὲς εὐτυχίες. Ὁ Θεὸς δὲν ἡμπορεῖ νὰ εὐχαριστεῖται εἰς αὐτήν.

Ἡ ἁγιότητα εἶναι ἰδιότητα τῆς ψυχῆς, ὄχι τοῦ σώματος. Τὸ σῶμα, στὸν χωρισμόν του ἀπὸ τὴν ψυχήν, μένει ξένο καὶ ἀμέτοχο ἀπὸ τὴν ἁγιότητα τῆς ψυχῆς· ὡς ἡ ψυχὴ μένει ξένη καὶ ἀμέτοχη ἀπὸ τὴ σάπιση τοῦ σώματος.

Ὁ Χριστιανισμὸς σὲ μᾶς τοποθετεῖται ἀνάμεσα στὰ πράγματα πολυτελείας. Δὲν τὸν χρησιμοποιοῦμε παρὰ γιὰ κομπασμὸ καὶ γιὰ νὰ κάνουμε ἐπίδειξη· ὄχι ὅμως γιὰ τὴν καθημερινὴ χρήση στὶς σχέσεις μας μὲ τοὺς ἀνθρώπους· πρᾶγμα ποὺ θὰ ἐθεωρεῖτο σπατάλη καὶ ἀσωτεία.*

Δὲν εἶναι πρᾶμμα ποῦ νὰ κάνη περσσότερην ἀηδίαν, ἀπὸ τὸν ἔπαινον ὁποῦ γένεται ἀπὸ ἀνθρώπους ὁποῦ δὲν ἠξέ-

---

* Τὸ πρωτότυπο στὰ ιταλικά. Βλέπε σελ. 114.

Raise your spirit and your imagination to the numberless solar systems of the infinite universe. Behold united in these a particle of the greatness of God, and consider, then, that christian mockery of believing that such a God cares what we cook and what we eat, so as to reward us, or torment us!… What mockery!

The utterance "God be praised" during misfortunes is an irony, a parody of "God be praised" during happinesses. God cannot be pleased by this.

Saintliness is a property of the soul, not of the body. The body, upon its separation from the soul, remains alien to and does not participate in the saintliness of the soul; just as the soul is alien to and does not take part in the corruption of the body.

Christianity for us is placed among the luxuries. We use it only as a boast and to make an impression, but not for daily use in our relations with people; something that would be supposed wasteful and prodigal.*

There is nothing that causes so much disgust than praise coming from those who don't know how to

---

* Original in Italian. See page 114.

ρουν' νὰ ἐπαινέσουν. Ὁ ἐπιδέξιος ἐπαινεστὴς ἐπαινεῖ, χωρὶς νὰ δείχνη ὅτι θέλει νὰ ἐπαινέσῃ.

Προκοπή, Ἀναθροφή. Καθημερινῶς συγχέομεν τὰ δύο τοῦτα, ὡς παρομοίως τείνοντα εἰς τὴν καλητέρεψη καὶ τελειοποίηση τοῦ ἀνθρώπου. Διαφέρουν ὅμως οὐσιωδῶς μεταξύ τους· ἐπειδή, ἡ μὲν προκοπὴ σκοπεύει κυρίως τὴν ἀνάπτυξην τοῦ πνεύματος· ἡ δὲ ἀναθροφή, κυρίως τὴν μόρφωσην τῆς ψυχῆς. — Ἡ προκοπὴ διδάσκεται. Ἡ ἀναθροφὴ ἐμπνέεται.

Ἠθική, Ἀρετή. Ἠθική, δηλεῖ ἤθη· καὶ ἐννοεῖ ἤθη χρηστά. Ἀρετή, δηλεῖ ἀρέσκειαν, ὡς ἂν ἀρέσκειαν, ὡς ἂν ἀρεστή.* Καὶ ἐννοεῖ ἠθικὴν ἀρέσκειαν. Ἤθελε 'πεῖ κανεὶς τὸ ἀρετὴ ἐπίθετον τοῦ ἠθική, ὡς ἂν ἐλέγαμε ἠθικὴ ἀρεστή. Ἔτσι, ἡ ἐπιπρόσθετη τούτη ποιότης, ἤθελε δείχνει ὁποία εἶναι ἡ ἠθική· εὐχάριστη δηλαδή, ἐχτὸς ὁποῦ συντείνουσα καὶ ἁρμόζουσα εἰς τὴν εὐδαιμονίαν τοῦ ἀνθρώπου. Ὥστε, ἂν θὰ βάλλωμε κάποια διαφορὰ μεταξὺ τῶν δύο τούτων συνωνύμων, ἡ διαφορὰ θὰ ἦναι ποῦ, τὸ ἠθικὴ θὰ δηλῇ ἁπλῶς καλὰ ἤθη· ἐνῷ τὸ ἀρετὴ ἤθελε δηλεῖ καὶ τὸ εὐάρεστον τῶν καλῶν ἠθῶν.

---

* Δὲν πιστεύω νὰ ἦναι ἀπὸ τὸ ἀνήρ, ἢ ἄρης, ὅπως θέλει ὁ Κοῦμας· πράγματα ποῦ δὲν ἔχουν καμμίαν σχέσην ἢ ὁμοιότητα μὲ τὸ ὅσον ἐμεῖς ἐννοοῦμε διὰ ἀρετήν. Καὶ μᾶλλον πιστεύω νὰ ἔχῃ τὴν ἀρχήν του εἰς τὸ ἀρέω, ἀρέσκω· σὰν ὁποῦ πραγματικῶς ἡ ἀρετὴ ἀρέσει. (Σ.τ.Σ.)

praise. The skilful praiser praises without showing that he wants to praise.

Progress, Education. Every day these two are confused, as similarly tending towards the improvement and perfection of Man. They differ in fact, however, from each other: on the one hand, progress aims chiefly at the development of the mind, and on the other, education aims chiefly at the shaping of the soul. — Progress is taught. Education is inspired.

Morality, Virtue. Morality refers to behaviour, and means honourable behaviour. Virtue means what is pleasing, the *gratifying*.* And this means morally pleasing. One might qualify "Morality" as "pleasing"; one might say "morally pleasing". Thus, this additional quality shows what morality is: that is to say, pleasant, besides contributing to and suiting human prosperity. So if we are to mark some difference between these two synonyms, the difference would be that

---

(Translator: Laskaratos's own footnote here discusses the etymology of the Greek word for 'Virtue' (Αρετή) and its misleading similarity to ancient Greek ανήρ (man) and άρης (Ares).

* I do not believe it is from ανήρ or άρης, as Koumas would have it: these have no relation or similarity to what we mean by αρετήν. Rather, I believe it has its origin in αρέω, αρέσκω, (I am pleased (by)); as in fact virtue is pleasing.

— 57 —

Θεολογία, Θρησκεία. Θεολογία εἶναι τὸ σύνολον τῶν περὶ Θεοῦ ἰδεῶν μας. Θρησκεία εἶναι τὸ σύνολον τῶν θελημάτων τοῦ Θεοῦ, ἀποκαλυπτομένων εἰς ἡμᾶς διὰ τῆς συνειδήσεως. Ὥστε οὐσιωδῶς διαφέροντα μεταξύ τους τὰ δύο τοῦτα. Καὶ τόσον, ὥστε τὸ ἕνα ὁποιοδήποτε ἀπὸ τὰ δύο νὰ μπορῇ νὰ ὑπάρχῃ εἰς ἡμᾶς χωρὶς τὸ ἄλλο. Τὰ συγχέομεν ὅμως εἰς τὴν κρίση μας καὶ τὰ κάνουμ' ἕνα, ὑπὸ τὸ ὄνομα θρησκεία. Εἶναι δὲ ἀξιοπερίεργον ὅτι τὰ ἐβάλαμε ὑπὸ τὸ ὄνομα θρησκεία, ἐνῶ τὸ μέρος τὸ θρησκευτικό, τὴ θρησκεία, τὴν ἐβγάλαμε ἀπὸ τὴ μέση, ἐβαστάξαμε τὴ μόνη Θεολογία, καὶ εἶναι τὴ θεολογία ποῦ λέμε θρησκεία.

Ἡ Θεολογία ἀπαιτεῖ λατρείαν. Ἡ Θρησκεία ἀπαιτεῖ ἐχτέλεσην.

Δειλός. Χαμερπής. Ὁ δειλὸς φοβεῖται. Ὁ χαμερπὴς σέρνεται. — Ὁ δειλὸς θυσιάζει τὴν τιμήν του, τὴν ὑπόληψή του, τὴν ἀνθρωπιά του, σὲ κάθε παραμικρὸ φόβο, μήπως κινδυνέψῃ ἡ ζωή του, ἢ καὶ λιγώτερο. — Ὁ χαμερπὴς θυσιάζει τὴν τιμή του, τὴν ὑπόληψή του, τὴν ἀνθρωπιά του, εἰς τὴν ἐλπίδα τοῦ νὰ ὠφεληθῇ κάτι. — Πολὺ συχνᾶ ὁ δειλὸς εἶναι προσβλητικός· ἐπειδὴ ἔχει τὴν εὐκολία, στὴν περίσταση, νὰ κλείεται, καὶ νὰ μὴν παρουσιάζεται παρὰ ὅταν ἐπιτύχῃ τὸ συμπάθειο. — Ὁ χαμερπὴς δὲν προσβάλλει ποτέ. Ἡ χαμέρπεια εἶναι ὁ ἀμετάβλητος χαραχτῆρας του.

Δειλὸς καὶ χαμερπὴς συναντῶνται καὶ συνταυτίζονται

morality refers to good morals, while *virtue* would in addition refer to the agreeability of good morals.

Theology, Religion. Theology is the sum of our ideas about God. Religion is the sum of God's wishes, as revealed to us by conscience. Thus there is an essential difference between these two, so that the one can exist for us without the other. However we confuse them in our thinking, and make them one, under the name religion. It is curious that we put them under the name religion, when we have taken out the religious element and kept only theology, and it is theology that we call religion.

Theology requires worship. Religion requires execution.

Coward. Groveller. The coward fears. The groveller creeps. — The coward sacrifices his honour, his reputation, his civility, at the slightest fear of his life being being in danger, or for less. — The groveller sacrifices his honour, his reputation, his civility, in the hope of gaining something. —Very often the coward is insolent, because he has the facility, on occasion, to shut himself up, and not to appear except when he gains sympathy. — The groveller never insults. Grovelling is his unchangeable characteristic.

Coward and groveller coincide and correspond

εἰς τὸ εἶδος τῶν θυσιῶν τους, καὶ τὸ εὐκαταφρόνητον τοῦ ὑποκειμένου τους.

Ψευδόμεθα λέγοντες ὅτι μᾶς μέλει διὰ τὴ θρησκεία, ἂν δὲν ἀνοίγωμε καλὰ τὰ μάτια μας καὶ δὲν ἐξετάζωμε τὰ θρησκευτικά, ἀλλὰ τὰ παραδέχουμάσθε ἀναξετάστως, ἀπὸ ἀνθρώπους ὁποῦ ἔχουν ἴσως συμφέρον νὰ μᾶς ἀπατήσουνε, ἢ εἶναι καὶ αὐτοὶ ἀπατημένοι. Ὁ φανατισμὸς τῶν χυδαίων, οἱ ὁποῖοι δὲν γνωρίζουν τὸ πρᾶγμα διὰ τὸ ὁποῖο φανατίζουνται, εἶναι μόνον ἄξιος γιὰ ψυχοπόνεση.

Ἂν θέλης νὰ ζήσης καλᾶ στὸν Κόσμο, κάμε νὰ σὲ ἀγαπήσουν οἱ ἄνθρωποι· ἀλλὰ μὴν τὸ πασχίσης διὰ τῆς ἀπάτης. Ἡ ἀπάτη εἶναι πρόσκαιρο μέσο, καὶ σφαλερὴ βάση· ἀρχίζει μὲ τὸ νὰ ἀπατᾷ τοὺς ἄλλους ὑπὲρ σοῦ, καὶ τελειόνει μὲ τὸ νὰ ἀπατήση ἐσὲ ὑπὲρ τῶν ἄλλων, φανερώνοντάς σε. Κάμε νὰ σὲ ἀγαπήσουνε διὰ ἀξιαγάπητα προσόντα σου, τὰ ὁποῖα ἐπιμελήσου νὰ ἀποχτήσης. Κάμε τοὺς ἀνθρώπους ν᾽ ἀγαπήσουν εἰς ἐσὲ τὴν ἀρετή σου.

Ἂν δὲν ἠμπορέσης διὰ τοῦ τιμίου, ἀλλ᾽ ἴσως ἀδιαλλάχτου χαραχτῆρος σου, νὰ ἐπιτύχης τὴν ἀγάπη τῶν συμπολιτῶν σου, κάμε τους, τοὐλάχιστον νὰ σὲ σέβονται, ἀντιπαρατάττοντας εἰς τὰ στραβά τους κάθε εἴδους, χαραχτῆρα ἀξιότιμον, καὶ πάντα ὅμοιον. Ἀλλ᾽ ἂν ὡς καὶ τοῦτο ἤθελε σοῦ ἀρνηθῆ ἡ διαφθορά τους... ὤ, τότε ἔχε θάρρος καὶ τόλμη, καὶ γένε φοβερὸς εἰς αὐτούς, ἐπειδή, στὸ ὕστερο, θὰν τοὺς ὑποχρεώσης νὰ σὲ ἀναγνωρίσουνε Κύριόν τους.

in their type of sacrifice, and in the contemptibility of their character.

It is lying to say that we care about religion, if we don't open our eyes well and don't examine religion, but accept it unexamined, from people who perhaps have an interest in deceiving us, or are themselves deceived. The fanaticism of the vulgar, who don't recognize what it is they are fanatical about, is only worthy of pity.

If you want to live well in the world, make people love you. But don't strive for this by deceit. Deceit is a temporary means, and a false basis: it starts by deceiving others, to your own benefit, and ends by deceiving you to the benefit of others, and exposing you. Make them love you by your worthiness to be loved, which you should study to acquire. Make people love you for your virtue.

If you are unable, because of your honest but perhaps intransigent character, to gain the love of your fellow citizens, at least make them respect you, by setting against their faults of all kinds a worthy character, always unchanged. But if their depravity denies you this… Oh, then be bold and daring, and become awesome to them, because in the end you will oblige them to recognize you as their master.

Οἱ γέροντες πρέπει νὰ καταλάβωμε ὅτι, ἕως ὅτου τὰ παιδιά μας εἶναι ἀνήλικα, τὰ ἔχουμε στὸ σπῆτι μας. Ἀλλ᾽ ὅταν ἐκεῖνα ἡλικιοθοῦνε, κ᾽ ἐμεῖς γεράσωμε, τότε εἶν᾽ ἐκεῖνα ποῦ μᾶς ἔχουνε στὸ σπῆτι τους.

Τὰ παιδιά μας πάλε πρέπει νὰ καταλάβουνε ὅτι, ἕως ὅτου ἔχουνε τοὺς γέροντας γονεῖς τους, τὸ οἰκογενειακὸ δεμάτι ἔχει τὸ δέμα του...

Μία πατρίδα ποῦ στέλνει τὰ παιδιά της εἰς τὸ μαγκελιὸ τοῦ πολέμου γιὰ ν᾽ ἀποχτήση ἔχταση, εἶναι μία μάνα ποῦ τρώει τὰ παιδιά της γιὰ νὰ παχύνῃ.

Οἰκονομῶ, δὲν θὰ ᾽πῇ ἐξοδεύω λίγο, ἀλλὰ ἐξοδεύω καλᾶ. Ἡ δὲ οἰκονομία στιρίζεται εἰς τὴν φιλοπονίαν, καὶ εὐγενίζεται ἀπὸ τὴν ἐλευθεριότητα.

Κάθε ἄλλον ᾽μποροῦμε νὰ μὴν πιστέψωμε ὅτι δὲν ἀγαπάει τὰ πλούτη. Ἀλλὰ ὁ φιλάργυρος δίνει ἐνταυτῷ καὶ τὴν ἀπόδειξιν ὅτι δὲν τὰ ἀγαπᾷ· ἐπειδή, καὶ δυνάμενος νὰ ζῇ πλούσια, προτιμάει νὰ ζῇ φτωχᾶ.

Ὑπερασπίζοντες ἐνθέρμως καὶ φανατικῶς φίλον μας, ἀφομοιονόμεθα μὲ αὐτόν: καὶ οὐδετερόνουμε ἔτσι, τὴν ἄλλως ἀμερόληφτη ψῆφο μας.

Ἀνάθρεψε τὴν οἰκογένειά σου σὲ τρόπον, ὥστε νὰ ᾽μπορῇ νὰ διευθύνεται καλά, καὶ χωρὶς ἐσέ. Ἀναστημένη τέτοια,

We elders must understand that, while our children are under age, we have them at home. But when they come of age, and we grow old, then it is they who have us in their homes.

And again, our children must understand that, as long as they have their old parents, the family group is their bond…

A fatherland that sends its children to the carnage of war to gain territory, is a mother who eats her children to get fat.

"To Economize" does not mean to spend little, but to spend well. Economy is based on taking pains, and is ennobled by liberality.

We may not believe someone's claim that he doesn't love wealth. But the miser himself gives the proof that he truly doesn't love it: because, although he can live richly, he choses to live in poverty.

Defending our friend warmly and fanatically, We assimilate ourselves with him: and thus we neutralize our otherwise impartial choice.

Bring up your family in such a way that it can manage itself well without you. Then live among them

ζῆσε ἀνάμεσό της ὡς ἁπλοῦν μέλος τῆς οἰκογενείας, παραιτούμενος ἀπὸ τὰ οἰκογενειαρχικά σου αὐστηρὰ δικαιόματα. Καί, ἕτοιμος νὰν τὴν ὑπερασπίσῃς ἐναντίον ἄλλων, εἴσουν καὶ σὺ ἕνα παιδὶ περισσότερο στὸ σπῆτι. Μὴ δὲ φοβηθῇς, ἡ διαγωγή σου τούτη νὰ σὲ στερήσῃ ἀπὸ τὰ οἰκογενειαρχικά σου δικαιόματα· ἐπειδὴ θέλ᾿ εἶσαι πάντα ἐν καιρῷ νὰν τὰ ἀναλάβῃς σὲ κάθε ἐνδεχόμενη στραβὴ τάση τῆς οἰκογενείας.

Ἡ Ὀρθόδοξη ἐδική μας θεολογία, καθὸ μόνη ἀληθής, πρέπει λοιπὸν ὁ Θεὸς νὰν τὴν ἀπεκάλυψε καὶ ἀκολούθως νὰ γνωρίζεται, εἰς ὅλους τοὺς Κόσμους τοῦ ἀπείρου Παντός. Ἀλλέως, ἤθελε ὑποθέσουμε μεροληψίαν εἰς τὸν Θεὸν διὰ ἐμᾶς, καὶ ἀδικίαν του διὰ τοὺς ἄλλους Κόσμους.

Ἕπεται λοιπὸν ὅτι, στοὺς ἄλλους Κόσμους ὅλους τοῦ ἀπείρου Παντός, γνωρίζουνε τὴν σύλληψην τῆς Θεοτόκου μας, τὴν γέννησην τοῦ Χριστοῦ μας, τὸν βίον του καὶ θάνατόν του εἰς τὸν Πλανήτην μας, καὶ τὴν ἀνάστασην και ἀνάληψήν του εἰς τοὺς Οὐρανούς· τὴν συγκρότησην ἀκολούθως τῆς Τρισυποστάτου Θεότητος, καθὼς ἡ Σύνοδές μας τὴν ἐθέσανε, καὶ τὴν Κατήχησή μας, καθὼς τὴν ἔκαμε ὁ Πλάτων Μητροπολίτης Μόσχας. Εἰς ἕνα λόγον, τὴν Θεολογίαν μας. Ἔτσι,

Ἂν μίαν ἡμέρα 'βρεθῇ ὁ τρόπος νὰ συγκοινωνοῦν οἱ Κόσμοι ἀνάμεσό τους, ὁ Πλανήτης μας θέλ᾿ εἶναι ἡ Μέκα τοῦ ἀπείρου Παντός! Καλότυχος ποῦ ζήσει νὰν τὸ ἰδῇ!

as a simple member of the family, abandoning your strict rights as head of the family. And, though ready to defend it from others, at home you too should be just one more child. Don't be afraid that this approach will deprive you of your rights as head of the family, because you will always be ready in time to recover your family every time it takes a wrong turn.

The theology of Orthodoxy being the only true one, God must have revealed it and then made it known to all the Peoples of the infinite Universe. Otherwise, we would suppose a partiality by God for us, and an injustice to the other Peoples.

It follows that the other Peoples of the whole infinite Universe have the concept of our Virgin May, the birth of our Christ, His life and death on our Planet, and his resurrection and ascension to the Heavens; the consequent unity of the Holy Trinity as put forth in our Synods, and our Catechism, as made by Plato, Metropolitan of Moscow. In a word, our Theology.

Thus, if some day the way is found for all the Peoples to communicate, our Planet will become the Mecca of the infinite Universe! Fortunate he who lives to see it!

Βλέπω δύο είδῶν ἀθέους, — 1ον ἐκείνους ὅπου κατευθείαν ἀρνοῦνται τὴν ὕπαρξην τοῦ Θεοῦ, 2ον ἐκείνους ὅπου ἐπλάσανε μὲ τὴ φαντασία τους ἕνα Θεούλη, κατ᾽ εἰκόνα καὶ ὁμοίωσην ἐδικήν τους, τοῦ ἀποδόσανε ὅλες τους τὲς ἀτέλειες, ὅλα τους τὰ πάθη, ὅλες τὲς ἐπιθυμίες καὶ χρεῖες, τὸν ἐκάμανε ἀδελφοπιτό τους, καὶ ζοῦν᾽ εὐχαριστημένοι μ᾽ ἐδαύτονε. — Εἶναι δὲ ἀξιοπερίεργον ὅτι, τὰ δύο τοῦτα εἴδη τῶν παρομοίως ἀθέων, καταφρονοῦνται καὶ φεύγουνται ἀμοιβαίως, ὡς ἄν ἐδιαφέρανε πολὺ μεταξύ τους!

Ποιὸς ξέρει!... ἴσως καὶ τὰ χτήνη τὰ ἴδια νὰ αἰσθάνονται τὴν ὕπαρξην τῆς Θεότητος· καὶ πιθανὸν ὡς κ᾽ ἐκεῖνα νὰ πλάθουνε τὸν Θεὸν κατ᾽ εἰκόνα καὶ ὁμοίωσην ἐδικήν τους· καθένα κατὰ τὸ εἶδος του. Ἔτσι, τὰ χτήνη ἤθελ᾽ εἶναι ἴσα μὲ τοὺς θρήσκους μας, καὶ ἀνώτερα ἀπὸ τοὺς ἀθέους μας.

Ὁ γλυδής, ἐχτιμᾷ κ᾽ ἐκεῖνος τὴν καθαριότητα, καὶ σὲ κάποιες περίστασες τὴ θέλει· μὰ τότε τὴν ἐχτιμᾷ καὶ τὴ θέλει ᾽σὰν πολυτέλεια, ὄχι ᾽σὰ χρεία.

Ἐκεῖνος ὅπου εὐχαριστήθηκε στὸν Θεούλη ποὺ εὕρηκε φτιασμένον εἰς τὴν κοινωνίαν, καὶ ζῇ μ᾽ αὐτόνε ἀδελφικάτα, ἐλπίζοντας εἰς αὐτὸν διὰ τὴν μέλλουσαν σωτηρίαν του, ἐπὶ τῷ ὅρῳ τῆς ἐχτελέσεως κάποιων θρησκευτικῶν ἐθίμων, ζῇ εὐχαριστημένος εἰς τὸν ἑαυτόν του, ἀσφαλὴς κατὰ τὴν ἰδέα του, καὶ εὐτυχής. Ἐξεναντίας,

Ἐκεῖνος ὅπου ἠμπόρεσε νὰ ὑψώση τὸν νοῦν του ἕως εἰς

I see two kinds of atheists — 1st, those who directly deny the existence of God, 2nd those who with their fantasy have created a little God, in their image and likeness; they have attributed to him all their imperfections, all their sufferings, all their wishes and needs; they have made him their brother and live gladly with him. — It's very strange that these two similar kinds of atheists despise and avoid each other, as if they differed much!

Who knows!... Maybe even beasts feel the existence of a deity; and it's possible that they too create God in their own image and likeness, each in his own form. Thus, beasts would be equal to our religious people, and higher than our atheists.

The dirty person too values cleanliness, and in certain circumstances wants it: but in such cases he values it and wants it as a luxury, not as a necessity.

He who is content with the little God found to be made by society, and lives with him as a brother, hoping for his future salvation from him, on condition of the performance of certain religious customs, lives satisfied with himself, securely by his lights, and happy. On the other hand:

He who has managed to lift his mind to the

τὸ μεγαλεῖον τοῦ ἀληθινοῦ Θεοῦ, ἐξανάπεσε δειλιασμένος ὑπὸ τὸ μέγεθος τοῦ μεγαλείου τῆς Θεότητος. Ἐπειδὴ τότε τοῦ γένουνται ἀμφιβολίες ἡ πεποίθησες τοῦ κατὰ τοῦτο ἀνθρωπάκη, καὶ στερεῖται ἀπὸ τὴν εὐτυχίαν ἐκείνου.

Ὁ ὕστερος τοῦτος ἔχει τὴν ἱκανοποίηση τοῦ νὰ ἦναι στὴν ἀλήθεια. Ἀλλ᾽ ἡ ἀλήθεια τούτη εἶναι ξερὴ καὶ ἄχαρη, καὶ δὲν ἀναπληρεῖ εἰς αὐτόν, τὸν χαμὸν τῆς εὐτυχίας ἐκείνου.

Ἀγαπητὴ Ἀπάτη! Γιατὶ νὰ μὴν ἦσαι καὶ Ἀλήθεια!;

Ποῦ εἶναι ἀσφαλέστερα φυλαμένα τὰ χρήματα; σ᾽ ἕνα σπῆτι ὅπου φυλάττονται καλὰ κλειδομένα, ἀλλ᾽ ἂν μείνουν ξεκλείδοτα, εἶναι σὲ κίνδυνο· ἢ σ᾽ ἄλλο σπῆτι ὅπου συνήθως μένουν ξεκλείδοτα, καὶ κανεὶς δὲν τὰ ἐγγίζει;

Ἀλλ᾽ εἶναι καὶ ἄλλη ἄποψη ὑπὸ τὴν ὁποίαν ἀξίζει νὰ θεωρηθοῦν, καὶ νὰ ἐξετασθοῦν, τὰ δύο τοῦτα διαφορετικὰ συστήματα, — «Ποίας τῶν δύο τούτων οἰκογενειῶν εἶναι ἀξιοτιμώτερος ὁ χαραχτῆρας;»

Ἡ Γραμματικὴ πρῶτα, διδάσκει τὴ μάθηση τῆς χοντροειδοῦς ἐκείνης ὕλης ὅπου κάνει τὴ γλῶσσα. Τὸ Συνταχτικὸ ἔπειτα, ἐξετάζει φιλοσοφικώτερα τὴν οὐσίαν καὶ πλοκὴν τῆς γλώσσας. Ἡ Τέχνη τέλος-πάντων τοῦ Δημηγορεῖν καὶ Συγγράφειν, διδάσκει πῶς νὰ μεταχειριζόμεθα τὴ γλῶσσα ἐπιτηδιώτερα.

Κύριος σκοπὸς τοῦ ὁμιλοῦντος ἢ γράφοντος, δὲν πρέπει νὰ ἦναι τὸ νὰ μᾶς κάνῃ νὰ θαυμάζωμε, τὴν τεχνικὴ δύ-

greatness of the true God, fell back, intimidated by the sheer greatness of the Godhead — because then doubts or convictions rise in the little man, and he goes without his happiness.

This latter has the satisfaction of truth. But this truth is dry and difficult, and is no substitute for the destruction of his happiness.

Beloved Illusion! Why aren't you Truth!?

Where is money kept most safely? In a house where it is kept well locked up, but if it is left not locked up, it is in danger? Or in another house which is usually left unlocked, and no-one touches it?

But it's worth considering and weighing up these two different systems from another point of view: — "Which of these two households is the most honourable?"

Grammar first of all is concerned with studying the raw material which makes up language. Then syntax examines more philosophically language's substance and structure. Finally, the Art of Oratory and Writing teaches how to use language with more deliberation.

Chief aim of the orator or writer should not be to make us admire the technical complexity of his

σκολη πλοκὴ τῶν φράσεών του· ἀλλὰ τὸ νὰ μᾶς κάνῃ νὰ ἐννοοῦμεν εὐθύς, καὶ μὲ ὅλην τὴν ὅσο δυνατὸν εὐκολίαν τὴν ἔννοιάν του.

Ὅταν τὸ ἀποτέλεσμα τῆς ἀρχῆς ὁποῦ ἐθέσαμε εἶναι ἀποτρόπαιον, ὠθηστικό, καὶ ἀπαράδεχτο, — πρέπει νὰ βάνωμε ὑποψίαν μήπως ἡ ἀρχὴ μας ἦναι σφαλερή, καὶ νὰ γυρίζωμε 'πίσω νὰν τὴν ἐξετάζωμε.

Ἔτσι, λ.χ., ὅταν θέσωμεν ὡς ἀρχήν μας ὅτι ἡ φύση πλάθει τοὺς ἀνθρώπους ὅπως αὐτὴ θέλει· ἄλλους καλούς, καὶ ἄλλους κακούς· καὶ ὅτι ἀκολούθως ἡ φύση εἶναι ὑπεύθυνη διὰ τὰ πλάσματά της, καὶ ὄχι τὰ πλάσματα διὰ τὸν ἑαυτόν τους, ἐπειδὴ ἐκεῖνα δὲν ἔπλασαν τὸν ἑαυτόν τους· ἔπεται ὅτι ἡ εὐθύνη καὶ ἡ ἀξιομισθία ἀνίκουν εἰς τὴν πλάστριαν φύσην· ὄχι στὸ πλᾶσμα της ἄνθρωπον.

Τὸ συμπέρασμα τοῦτο τῆς εὐλογοφανοῦς ἐκείνης ἀρχῆς, φέρνει ἀναποφεύκτως 1ον τὴν ἀτιμωρισίαν τῶν κακουργημάτων! — 2ον τὴν ἀμισθίαν τῶν ἐναρέτων πράξεων!

Ἐμπρὸς σὲ τοῦτο τὸ ὕστερο ἐξαγόμενο, ἡ συνείδηση ἀποδοκημάζει καὶ γυρίζει 'πίσω νὰ ἐξετάση τὴν ἀρχήν, ἡ ὁποία ἐγέννησε ἕνα τέτοιο ἀπαράδεχτο. Ἐρευνῶντες δὲ καὶ ἐξετάζοντες εὑρίσκομεν ὅτι,

Δὲν εἶναι ἀκριβῶς εἰπομένο ὅτι ἡ φύση πλάθει τὸν ἄνθρωπον, ἀλλὰ μᾶλλον πρέπει νὰ εἰποθῇ ὅτι ἡ φύση πλάθεται εἰς ἄνθρωπον. Καί, ἐπειδὴ καθένας εἶναι ὑπεύθυνος, ὡς ἀκόμη καὶ ἀξιόμισθος, διὰ τὸ ποιόν του, ἡ κακὴ φύση ἡ ἀναπτυσσομένη εἰς κακὸν ἄνθρωπον, εἶναι ὑπεύθυνη διὰ τὸ

— 70 —

phrases, but to make us understand directly, and with the greatest possible ease, his meaning.

When the result of a principle we have set up is atrocious, repulsive and unacceptable, we must take the point of view that maybe our principle is faulty, and go back and examine it.

Thus, for example, if we take as our principle that nature makes people as she wishes, some good, some bad; and therefore nature is responsible for her creatures, and the creatures are not responsible for themselves, because they didn't create themselves, the conclusion is that both responsibility and credit belong to nature the creator; not to Man her creature.

The upshot of this apparently reasonable principle is, unavoidably: 1st, the non-punishment of wrongdoers! — 2nd the failure to reward honourable acts!

Following the latter inference, conscience disapproves, and returns to examine the principle, which gave birth to something so unacceptable. Researching and examining, we find:

It's not exactly true to say that *nature makes Man,* but rather it should be said that *nature is made into Man.* And, since each is responsible, or even worthy of reward, for his qualities, a bad nature, as

κακόν της ποιόν· καὶ ἡ καλὴ φύση ἡ ἀναπτυσσομένη εἰς καλὸν ἄνθρωπον, εἶναι ἀξιόμισθη, διὰ τὸ καλὸν της ποιόν.

Ὑπάρχει ἡ ἐπιδεξιότητα καὶ ἡ ἀδεξιότητα: ἡ πρώτη ὁδηγεῖ συχνὰ σὲ ὅλα τὰ ἀγαθὰ τοῦ κόσμου ἕνα ὁποιονδήποτε· ἡ δεύτερη φθείρει συχνὰ ἕνα ἄνθρωπο ἀξίας.*

Ὡς καὶ ὅταν ἡ φύση ἤθελε κάμνει τὸν κακοῦργον τοιοῦτον· ὡς καὶ τότε δὲν ἤθελεν εἶν᾽ ἀνεύθυνος διὰ τὰς κακουργίας του. Ἐπειδή, κοντᾶ στὴν κακουργικήν του κλίσην, ἡ φύση τοῦ ἔδοσε καὶ λογικό, καὶ συνείδηση, καὶ ἐλευθερίαν ἐκλογῆς. Ὥστε ἐν γνώσει του ἐκλέγει τὸ κακὸ εἰς τὸ ὁποῖον εὐχαριστεῖται· καὶ ἀκολούθως εἶναι ὑπεύθυνος διὰ τὴν ἐν γνώσην του κακουργικὴν ἐκλογήν του.

Περι-πλέον, — Ὁ πλησίος του ἔχει τὸ φυσικὸ δικαίομα τῆς διατηρήσεώς του, καὶ εὐημερίας του. Ὥστε, ἀδιάφορο δι᾽ αὐτὸν ἡ πηγὴ τῆς κακουργίας τοῦ κακούργου, καὶ δικαιοῦται νὰ ἀσφαλιστῇ ἐναντίον του, ὡς καὶ μεταχειριζόμενος τὴ βία.

Ἀλλὰ καὶ ἂν ὑποθέσωμεν ὅτι ἡ φύση κάμνει καὶ ἀνθρώπους τόσον ἐλαττωμένους ὥστε νὰ λείπουν ὁλοτελῶς ἀπὸ συνείδηση καὶ ἀπὸ ἐλευθερίαν ἐκλογῆς, — ὡς καὶ τότε θὰ θεωρήσωμε τοὺς τοιούτους ὡς ἀνθρωπόμορφα θηρία, τὰ ὁποῖα δικαιούμεθα νὰ τιμωροῦμε, καὶ νὰ φονεύωμε, πρὸς ὑπεράσπισην τῆς διατηρήσεώς μας κ᾽ εὐημερίας μας.

---

* Τὸ πρωτότυπο στα ιταλικά. Βλέπε σελ. 114.

developed by a bad person, is responsible for its bad qualities; and a good nature, as developed by a good person, is worthy of reward for its good qualities.

There exist worthiness and unworthiness. The first can lead anybody to all the good things in the world. The second often corrupts a deserving person.*

Even if nature makes a villain a villain, even then he will not be exonerated for his evil acts. Because besides his villainous leanings, nature gave him reason, and conscience, and freedom of choice. Thus he consciously choses evil, which pleases him, and it follows that he is responsible for his evil choice.

Furthermore, his neighbour has the natural right of self-preservation and welfare. Thus the source of the villain's evil is of no interest to him, and he has the right to protect himself against him, even using violence.

But even if we suppose that nature makes humans so defective as completely to lack conscience and freedom of choice, — even then we will suppose such people to be anthropomorphic brutes, which we have the right to punish and kill, to further our preservation and our welfare.

---

* Original in Italian. See page 114.

Ἡ ἀναγνωρισμένες ἀνθρώπινες θρησκεῖες ὅλες, φέρνουν᾿ εἰς τὸν κόλπον τους κυρίαρχο στοιχεῖο τὴ Θεολογία!

Ἀλλὰ ἡ Θεολογία ποῦ στὴν ἀρχὴν ἐμπῆκε ᾿σὰ διδάχτρα, διὰ νὰ διδάξῃ τὴν ἠθικὴν ἐν ὀνόματι τῆς Θεότητος, εὐθὺς ἔπειτα ἄρχισε νὰ παραγγονίζῃ τὸ δίδαγμά της καὶ νὰ βάνεται αὐτὴ στὴ θέση του· ἐτελείωσε δὲ πάντοτε μὲ τὸ νὰν τὸ ἐξαλείψῃ ἐξολοκλήρου, παρουσιάζοντας μόνον ὀκνηρὴν Θεολογίαν εἰς ἀνωφέλευτη προσκύνηση τῶν ἀπατημένων ὄχλων.

Ἡ φωνὴ τοῦ λαοῦ, δὲν εἶναι πάντα φωνὴ Κυρίου. Καὶ πολὺ συχνᾶ, ἡ Δημόσια Γνώμη, δὲν διαφέρει ἀπὸ τὲς ἄλλες Δημόσιες.

Ἡ ἰσότητα τῶν ἀνθρώπων ἀπέναντι στὸ νόμο, εἶναι μιὰ ἀνάγκη: ὄχι μιὰ ἀλήθεια. Καὶ εἶναι τόσο ψεύτικη ὅσο καὶ ἡ ἰσότητα ὁμοιόμορφων χαρτονομισμάτων ἀπέναντι στὸν τυφλό.*

Ὁ πνευματικὸς ἄνθρωπος βάνεται μέσα εἰς τὸ ἀνθρώπινον ἀγγεῖον ἀκατέργατος· μένοντας εἰς αὐτὸν τὸν ἴδιον ἡ ἔγνοια τοῦ νὰ ἀναπτυχθῇ καὶ νὰ μορφωθῇ. Ἔτσι, ὁ μὴ ἀναπτύξας τὸν πνευματικὸν ἑαυτόν του, εἶναι μόνον ἀνθρώπινον ἀγγεῖον, φέρον ἀνθρωπίνην ὕλην πρὸς μόρφωσην ἀνθρώπου.

---

* Τὸ πρωτότυπο στα ιταλικά. Βλέπε σελ. 114.

The recognized human religions all carry in their bosoms as their most important element, Theology!

But Theology, which entered at first as a teacher, in its ethical teaching in the name of the Godhead, then began to elbow its teaching aside and set itself up in its place, and always ended by completely abolishing the teaching, presenting only idle Theology for the vain adoration of the deceived masses.

The voice of the people is not always the voice of the Lord. And very often, public opinion does not differ from that of other Publics.

The equality of people before the law is a necessity, not a truth. It is as false as the equality of similar banknotes for a blind man.*

The spiritual person is put in the human vessel unrefined; the responsibility to develop and assume form remains with him. Thus, he who has not developed his spirit is nothing more than a human vessel, bearing the material for forming into a human.

---

* Original in Italian. See page 114.

Γλῶσσα φτιασμένη ἀπάνου σὲ προϋπάρχουσαν γραμματική, εἶναι γλῶσσα συμφωνητική. Μπορεῖ νὰ χρησιμεύσῃ σ᾿ ἐκείνους ὁποῦ ἐσυμφωνήσανε καὶ τὴν ἐφτιάσανε, καὶ σ᾿ ἐκείνους τοὺς αλλους ὁποῦ ἐκάμαν᾿ τὸν κόπο καὶ τὴν ἐμάθανε· ἀλλὰ δὲν θέλει εἶναι ποτὲ γλῶσσα Ἔθνους.

Τέτοια συμφωνητικὴ γλῶσσα ἐστάθηκε μιὰ φορὰ στὸ Ληξοῦρι ἢ Γραβαρέϊκη, ἡ ὁποία τώρα-πλέον ἐξέλειπε· καὶ τέτοια εἶν᾿ ἀκόμη σήμερα στὴν Ἑλλάδα ἡ Λογιοτατίστικη, ἡ ὁποία μὲ τὴ γενεὰ τούτη θέλει ἐκλείψει.

Ἡ πείρα τῶν ἄλλων μᾶς χρησιμεύει 'λίγο, ἢ τίποτα. Μόνον ἡ ἐδική μας μᾶς χρησιμεύει κάπως· ἀλλὰ ὅταν εἰς τὸ σῶσμα τοῦ καιροῦ τὴν ἀποχτήσωμε, μᾶς λείπει τότε ὁ καιρὸς διὰ νὰν τὴ χρησιμοποιήσωμε!... Καί, μὰ τὴν ἀλήθεια, 'μπορούμε κ᾿ ἐμεῖς νὰ 'ποῦμε ὅτι, «Ὅτε τὴν πείραν κερδίσωμεν, τότε τῷ τάφῳ οἰκήσωμεν».

Ἡ Θρησκεῖες, καθὸ συνιστάμενες εἰς ἁπλῆν Θεολογίαν, εἶναι φύσει ἄλογες. Ἂν προσπαθήσῃς νὰν τὲς κάμῃς λογικές, κάνεις πραξικόπημα. Ἐπιχειρίζεσαι τὸν ἀφανισμό τους.

Εἰς τὸ δημόσιο καλὸ καθένας ἔχει συμφέρον· κ᾿ ἔτσι καθένας τὸ ἐπιθυμεῖ. Μὰ κάποτε τὸ δημόσιο καλὸ δὲν γίνεται παρὰ μὲ θυσίαν ἐκείνου ποῦ τὸ κάνει· καὶ τότε καθένας τραβιέται, καὶ λέει — «ἂς τὸ κάμη ἄλλος».

— 76 —

A language made on a pre-existing grammar is a language by agreement. It may be used by those who made and agreed it, and by such others as have made the effort to learn it; but it can never be the language of a nation.

Such an agreed language was Gravareika, established once in Lixouri but now eclipsed; "Logiotatistika", still existing in Greece today, is also such a language, and it will be eclipsed within a generation.

The experience of others is of little or no use to us. Only our own experience is to a certain extent useful. But when with the passage of time we acquire it, then we lack the time to use it!… And, in truth, we too can say that "When we have gained experience, then we are in our graves".

Religions, since they consist of simple Theology, are by nature illogical. If you try to make them logical, you commit a coup d'état. You set about their destruction.

Everyone has an interest in the public good, and thus everyone wishes it. But sometimes the public good cannot be served except by the sacrifice of him who serves it. And then everyone draws back, and says "Let someone else do it".

Φυλάξου ἀπὸ ἐκεῖνον ὁποῦ περπατεῖ κυττῶντας ὀπίσω του. Ἐκεῖνος εἶναι μηχανὴ αὐτοκίνητη· καὶ πρέπει νὰ φυλάττεσαι ἀπὸ αὐτόν, σὰν ἀπὸ ἀτμάμαξαν.

Ὁ συγγραφεὺς ὁποῦ συγγράφει, καὶ δὲν δημοσιεύει, εἶναι 'σὰν τὸν φυλάργυρο ποῦ μαζόνει, καὶ δὲν 'ξοδεύει. Καὶ οἱ δύο τοῦτοι 'πεθαίνουνε χωρὶς νὰ χαροῦνε τοὺς κόπους τους.

Οἱ λογιώτατοι, ὑπεραγαπῶντες τὴ γλῶσσα, ὁμοιάζουνε τοὺς φιλάργυρους, ὑπεραγαπῶντας τὸν πλοῦτον. Καὶ οἱ δύο τοῦτοι κάνουνε σκοπό τους, ἐκεῖνα ποῦ δὲν ἔπρεπε νὰ ἦναι παρὰ μέσα τους. Καὶ οἱ δύο τοῦτοι ἀπατῶνται· καί, στὴν ἀπάτη τους, ζημιώνουνε τὸν ἑαυτό τους καὶ τὸν πλησίον τους.

Οἱ Ἰταλοί, παρεχτὸς τῆς γλώσσας ὁποῦ μεταχειρίζουνται στὸ πεζόν, ἔχουνε καὶ τὴ γλῶσσα τους τὴν ποιητική. Σ᾽ ἐκείνη γράφοντες, μεταχειρίζουνται κάποτε τὰ πλουμίδια της διὰ νὰ δείχνουνε ποίηση, ἐκεῖ ποῦ δὲν εἶναι παρὰ πεζά· ὡς οἱ ζωγράφοι μεταχειρίζουνται κάποτε τὰ χρώματα διὰ νὰ δείχνουνε ἀνάγλυφα, ἐκεῖ ποῦ δὲν εἶναι παρὰ ἐπιφάνειες.

Κανεὶς δὲν σὲ κατηγορεῖ νὰ γυρεύῃς τὸ συμφέρον σου. Ἀλλὰ καθένας θέλει σὲ κατηγορήσει, ἄν, γυρεύοντας τὸ συμφέρον σου, προφασίζεσαι ἀφιλοκέρδιαν καὶ θυσίαν σου.

— 78 —

Protect yourself from him who looks back while walking forward. He is an automotive engine; and you must protect yourself from him as you would from a steam carriage.

The author who writes but does not publish is like the miser who saves but does not spend. Both die without enjoying their works.

Scholars, who love language too much, are like misers who love wealth too much. Both make their aim what ought to be no more than their means. Both are deluded, and in this delusion damage themselves and those around them.

Italians, apart from the language which is used for prose, have their language for poetry. Writing in the former, they sometimes use the latter's plumage to suggest poetry, when it's nothing but prose: as painters use colours to suggest bas-relief where there is nothing but surfaces.

No-one blames you for for seeking your own interest, but everyone will blame you if, seeking your own interest, you make a pretence of disinterestedness and self-sacrifice.

Ἡ διάλεχτος τῶν λογιωτάτων, ὁμοιάζει τὴν διάλεχτον ὅπου μεταχειριζουμάσθε θέλοντες νὰ μελετήσωμε αἰσχρότητες· τὲς ὁποῖες δὲν μελετοῦμε ποτὲ μὲ τὲς καθαυτό τους ὀνομασίες, ἀλλὰ τοῦς ἀλλάζουμε ὀνόματα, καὶ τὴ σύνταξη διαστρέφουμε, καὶ τὴ σκοτινιάζουμε μὲ περίφρασες, διὰ νὰ σκεπάζωμε κάπως τὸ ἐννοούμενο.

Τοὺς φίλους τοῦ φίλου μου εἶμ' ἕτοιμος νὰν τοὺς κάμω φίλους μου. Ἀλλ' ὄχι καὶ τοὺς ἐχθρούς του ἐχθρούς μου.

Οἱ συντοπίτες μου εἶναι τόσον εὔσπλαχνοι, ποῦ δὲν εἶναι εὐτυχεῖς ἂν δὲν ἔχουν' κάποιους, τοὺς ὁποίους νὰ εὐσπλαγχνίζωνται! Ἤθελε δὲ νομίζουνται οἱ εὐτυχέστεροι τῶν ἀνθρώπων, ἂν καθένας τους ἤτανε σὲ θέση νὰ εὐσπλαγχνίζεται ὅλους τοὺς ἄλλους!...

Οἱ Ἕλληνες εἴμασθε πάρα πολὺ φίλαρχοι, διὰ νὰ εὐχαριστηθοῦμε ποτὲ εἰς ἄλλο Σύνταγμα παρὰ τὸ δημοκρατικό· ὅπου καθένας μας ἐλπίζει νὰ 'μπορέση νὰ ἄρξη.

Ὅταν ἐρρίψαμε μιὰ δυσάρεστην ἀλήθεια εἰς τὸ κοινόν, καὶ ἡ δυσαρέσκεια τοῦ κοινοῦ μᾶς ἐφόβισε, ἂν διὰ τοῦτο ἀνακαλέσωμεν ὅτι εἴπαμε, ἢ προφασισθοῦμε ὅτι τάχα δὲν ἐνοήσαμε νὰ 'ποῦμε τὸ ὅσον ἐδυσαρέστησε, τὸ οὕτωπῶς ὑποζητούμενο συμπάθειο, εὔκολα μᾶς δίδεται· ἀλλὰ ἡ δυσαρέσκεια ἢ μέρος αὐτῆς, μένει πάντα στὴν ψυχὴν τοῦ κοινοῦ, τὸ ὁποῖον θὰ μᾶς θεωρῇ ὡς προσβολεῖς του, ἢ τουλάχιστον δυσαρεστητάς του.

The dialect of the logiotati[4] is like the language we use when we want to refer to obscenities: We never talk of these by their own names, but we change their names, distort their syntax and darken them with periphrasis, so as to cover up, somehow, the meaning.

Friends of my friend I am ready to make my own friends. But not the enemies of my enemy.

My fellow countrymen are so compassionate that they can't be happy unless they find someone for whom to feel compassion! And they would think themselves the happiest of people, were each of them in a position to feel compassion for all the others!…

We Greeks are too authority-loving ever to be happy with any Constitution except democracy, in which each of us hopes to be able to rule.

When we flung an unpleasant truth at the public, and we were afraid of the people's displeasure, and we retracted what we said, or we pretend that perhaps we didn't mean to say something so unpleasant, the understanding we seek is easily given: but the displeasure, or part of it, stays for ever in the soul of the people, who will think we have insulted them, or are at least displeased with them.

Άλλ᾽ ἂν ἐξεναντίας ἀντεξερχόμενοι μὲ θάρρος ἐμμείνωμεν εἰς τὰ εἰπωθέντα μας, ἀποδείχνοντες τὴν ἀλήθειαν, καὶ ὠφέλειάν της, κυριεύουμε τότε τὴ συνείδηση καὶ τὴ δυσαρέσκεια τοῦ κοινοῦ, καὶ τὸ ὑποχρεόνουμε ν᾽ ἀναγνωρίσῃ τὴν ἀλήθειαν, καὶ νὰν τὴ σεβασθῇ τοὐλάχιστον.

Νέοι, μὴ βαρένεσθε τοὺς γερόντους. Οἱ καϋμένοι! ἐγκαταλείποντες τὸν Κόσμο, ἐγκαταλείπονται ἀπὸ τὸν Κόσμο. Εἰς δὲ τὴν ἐγκατάλειψή τους, ἐχτιμοῦν πάρα πολὺ κάθε καλὸν λόγον, κάθε φιλοφροσύνην, ὁποῦ τοὺς γένεται ἀπὸ τοὺς νεοτέρους, ἤδη κατόχους τοῦ Κόσμου.

Συναξάρι. Μυθιστόρημα. Ἰδανικὰ διηγήματα καὶ τὰ δύο τοῦτα, διαφέρουν εἰς τὸν χαραχτῆρα τῶν διηγήσεών τους.

Τὸ Συναξάρι πλάθει ἔργα θαυμάσια εἰς τὰς ζωὰς τῶν Ἁγίων, καὶ διϊσχυρίζεται νὰν τὰ δώσῃ διὰ πραγματικά.

Τὸ Μυθιστόρημα πλέκει σκηνές, ἀπὸ τὲς καθημερούσιες μέν, ἀλλὰ διασκεδαστικὲς διὰ τὸ ἐνδιαφέρον τους, καὶ συχνὰ διὰ τὸ παράδοξον τῶν συμβάντων· καὶ δὲν προτίθεται ὅμως νὰ ἀπατήσῃ, ὡς τὸ Συναξάρι.

Δεισηδαιμονία. Πρόληψη. — Δεισηδαιμονία εἶναι ἄλογος φόβος περὶ τὰ Θεῖα. Ἡ γυναικούλα ποῦ τάζεται στὴν Παναγία τὰ χρυσαφικά της ἂν τῆς κάμῃ καλὰ τὸ παιδί της· καὶ φοβεῖται ἔπειτα μὴν ἡ Παναγία τῆς τὸ σκοτώσῃ, ἂν δὲν τῆς πάῃ τὰ ταμμένα χρυσάφια· εἶναι δεισιδαίμων.
— Πρόληψη εἶναι ἄλογη πεποίθηση περὶ τῶν πραγμά-

— 82 —

But if on the other hand, bearing up with courage, we insist on what we have said, showing forth the truth and its advantages, we subjugate the conscience and dissatisfaction of the public, and we oblige it to recognize the truth and at least respect it.

Young people, do not burden the elderly. The poor things! Abandoning the world, they are abandoned by the world. While leaving it, they very much value every good word, every courtesy brought to them by the younger; already possessors of the world.

Legend.[5] Novel. Both forms of fiction, differing in the manner of their narration.

The legend is a work based on the marvels of the lives of the saints, and presents itself as factual.

The novel weaves plots out of everyday life, but entertaining because of their interesting and often odd occurrences: it has no intention to deceive, like a legend.

Religiosity. Superstition. Religiosity is an illogical fear of the divine. The little woman who promises her gold to the Virgin if she will make her child well, and is then afraid the Virgin will kill her if she doesn't deliver the promised gold — that is religiosity. Superstition is illogical convictions about objects.

των. Ἡ ἴδια γυναικούλα, ὅταν πιστεύῃ ὅτι ἂν δόσῃ τοῦ παιδιοῦ της τὸ ὄνομα τοῦ πάπου του, ἐνῶ ὁ πάπος του ζῇ ἀκόμη, ἕνας ἀπὸ τοὺς δύο θὰ πεθάνῃ μέσα στὸ χρόνιασμα· εἶναι τότε προληπτική.

Μύθος. Παραμύθι. — Ὁ Μύθος, μικρὸ διηγηματάκι, ποὺ τελειώνει μὲ ἕνα ἠθικὸ συμπέρασμα, σκοπεύει κυρίως τὴν ἠθικὴν ὠφέλειαν τῶν ἀναγνωστῶν του. — Τὸ Παραμύθι, ἄλλο διεξοδικώτερο διήγημα, σκοπεύει κυρίως τὴ διασκέδαση. — Τὸ Μύθον μεταχειρίζουνται ποιηταὶ καὶ πεζοὶ ἠθικολόγοι. — Τὸ Παραμύθι εἶναι ἡ διασκέδαση τῶν ὑπηρετριῶν, εἰς τὰ μέρη μας. Ἀλλὰ ἤθελ' εἶν' ἐπιθυμητὸν νὰν τὸ ἀναλάβουν καὶ οἱ ἐδικοί μας συγγραφεῖς, καὶ ὑψόνοντές το ἀπὸ τὴν δουλικήν του κατάστασην, νὰ διδάξουν διὰ τοῦ μέσου του τὰ μικρὰ παιδάκια, πολλὰ καὶ καλὰ πράγματα. Ὡς ἔκαμε καὶ ὁ Δανὸς Ἄνδερσεν.

Ἐγδίκηση. Αὐτοδικία. Δικαιοσύνη.

Ἡ Ἐγδίκηση θὰν ἐστάθηκε ἡ ἀρχαιοτάτη ἐξάσκηση τῆς Δικαιοσύνης, ἐνεργουμένη ἀπὸ ἄτομον εἰς ἄτομον. Ἦτον δὲ φυσικῶς νόμιμη, εἰς ἔλλειψην πολιτικῶν νόμων.

Ἡ Αὐτοδικία, ὡς καὶ σήμερα, πέρνει μὲ τὸ χέρι της ὅσον ἤθελε τῆς δόσει ἡ Ἀρχὴ τῆς κοινωνίας. Εἶναι δὲ φυσικῶς νόμιμη καὶ τούτη, κάθε ποὺ ἡ πολιτικὴ Ἀρχὴ ἀρνεῖται δικαιοσύνην.

Ἡ Δικαιοσύνη, ἡ ἀτομικὴ ἐκείνη ἀρχικὴ ἐξάσκηση τῆς ἐγδικήσεως καὶ αὐτοδικίας, ἀναθεμένη τώρα πλέον εἰς

When the same little woman believes that if she gives her child the name of his still-living grandfather, one of the two will die within the year: then that's superstition.

Fable.[6] Fairy tale. — The Fable, a short story which ends with a moral, aims mainly for the moral benefit of its readers. — The Fairy tale, another more extensive kind of story, aims chiefly at entertainment. — The fable is used by moralizing poets and prose-writers. — The Fairy tale is the entertainment of servants in this part of the world. But it would be a good thing if our writers too were to take it and raise it from its servile condition, and use it to teach small children many good things, as the Dane Andersen has done.

Revenge. Self-administered law. Justice.

Revenge has been established as the archaic form of justice, exercised person to person. It was naturally lawful, in the absence of communal laws.

Self-administered justice, even nowadays, takes the law into its own hands, as far as public authority lets it. It is natural justice for all, whenever political authority denies justice.

Justice, that earlier exercise of revenge or of taking the law into one's own hands, nowadays dele-

τοὺς ἄρχοντας τῆς κοινωνίας, καὶ ἐνεργουμένη ἀπὸ αὐτοὺς εὐσυνειδήτως, ἱκανοποιεῖ τοὺς πολίτας, ἄντιτα τῆς ἀρχικῆς ἐγδικήσεως, καὶ ἀκολουθινῆς αὐτοδικίας.

Εἶμαι φιλόπατρης ἕως ὅτου ἡ πατρίδα μου εἶναι φιλότε- κνος. Ὅταν ἡ πατρίδα μου ζητᾷ τὴν καταστροφή μου, ὁ πατριοτικὸς δεσμὸς μεταξὺ ἐμοῦ καὶ πατρίδος μου λύεται· καὶ ἡ πατρίδα τὸν ἔλυσε· καὶ σχέσες ὠθηστικὲς τότε πέρ- νουν τὸν τόπο του.

Ἀπουκάτου στὸ σύστημα τῆς βεβιασμένης στρατολογίας, ὁ πολίτης ἔχει ἕνα μέρος εἰς τὸ ὁποῖον ὁμοιάζει τὸν ἀγο- ρασμένο σκλάβο. Καὶ εἶναι τοῦτο ὅταν ὁ Βασιλεὺς ἐμ- βαίνη διὰ τῶν κλητήρων του μέσα στὸ σπῆτι μας, μᾶς πέρνει τὸ παιδί μας διὰ τῆς βίας, καὶ τὸ στέλνει στὸ μακε- λιὸ τοῦ πολέμου· ὡς ὁ ἰδιοχτήτης ἐμβαίνει καὶ αὐτὸς διὰ τῶν ἀνθρώπων του στὴν καλύβα τοῦ σκλάβου του, τοῦ πέρνει διὰ τῆς βίας τὸ παιδί του κ᾽ ἐκείνου, καὶ τὸ δίνει εἰς ἀγοραστὴν εἰς τὸν ὁποῖον τὸ ἐπούλησε.

Ἀπουκάτου στὸ σύστημα τῆς ὑποχρεοτικῆς βεβιασμένης στρατολογίας, τὰ ἔθνη ζοῦν τὴν ζωὴν τῶν ὀρνίθων εἰς τοὺς ὀρνιθῶνας τῶν Κυβερνήσεών τους.

Ὁ φιλάργυρος, μὴν ἠξέροντας νὰ ἐχτιμήσῃ τὰ μέσα τῆς ζωῆς, τὰ χρήματα, κατὰ τὴν ἀληθινήν τους ἀξίαν, ζῇ πάμ- φτωχος μεταξὺ σωρευμένου πλούτου.

gated to society's rulers and put into effect by them conscientiously, appeases the citizenry, and counters primitive revenge and the subsequent self-administration of justice.

I am a patriot so long as my country loves its progeny. When my country seeks my downfall, the patriotic bond between me and my country is dissolved. And it is my country that dissolves it, and then repellent relations take its place.

Subjected to the system of conscription, the citizen resembles in one way the bought slave. It is thus when the King, by means of his emissaries, comes into our house, takes our child by force, and sends him to the slaughter of war: As when the owner, too, by means of his employees, enters his slave's shack and takes *his* child by force and gives him to the customer to whom he sells him.

Subjected to the system of compulsory conscription nations live the life of birds in their government's aviary.

The miser, not knowing how to value the means of life, money, for its true worth, lives in complete poverty in a heap of wealth.

Τὰ εὐεργετήματα ποῦ λαβαίνουμε, παρεχτὸς τῶν χρεῶν, μᾶς δίνουν καὶ δικαιόματα ἀπάνου στὸν εὐεργέτη μας· ἐπειδὴ μᾶς προσκολοῦν εἰς αὐτόν· καὶ μιὰ φορὰ προσκολημένοι σ' αὐτόν, φυσικῷ τῷ λόγῳ μᾶς γεννῶνται ἀπαίτησες.

Καὶ ἡ πεποίθηση γένεται κάποτε ἔργον· καὶ τὸ ἔργον φθάνει κάποτε νὰ γίνῃ πεποίθηση.

Ὅταν ἡ πεποίθηση γίνῃ ἔργον, χάνει ἀπὸ τὴν πνευματικότητά της καὶ καταβηβάζεται. Ὅταν τὸ ἔργον γένῃ πεποίθηση εὐγενίζεται κάπως καὶ ἀναβηβάζεται.

Ἡ δημοσίεψη τῶν ἀτόπων ἔχει βέβαια καὶ τὸ ἐπιζήμιόν της, ἐπειδή, καὶ ἡ εὐαισθησία τῶν ἠθικῶν ἀνθρώπων προσβάλλεται, καὶ ἡ δυστροπία τῶν ἀνηθίκων ἐμψυχόνεται ἴσως, εἰς τὸ παράδειγμα ἄλλων ὁμοίων τους. Ἀλλὰ ἔχει καὶ τὴν μεγάλην ὠφέλειαν ὅτι, ἐκθετόμενες ἔτσι ἢ πληγὲς τῆς κοινωνίας εἰς τὴν ἀποδοκήμασην τοῦ κοινοῦ, συστέλλονται· καὶ βαθμιδὸν ἰατρεύονται.

Θέλεις νὰ 'λιγοστέψῃς τὲς δυσαρέσκειές σου καὶ τὲς πίκρες σου; — Ὀλιγόστεψε τὰ ξεδόματά σου. Ἐλευθερώσου ἀπὸ τοὺς σκύλους σου, ἀπὸ τὲς γάτες σου, ἀπὸ τὰ καναρίνια σου, ἀπὸ τὲς ὑπηρέτριές σου, ἀπὸ τοὺς ὑπηρέτας σου, καὶ κάποτε, καὶ ἀπὸ κάποιους φίλους σου.

Εἶναι λυπηρὸ καὶ τυραννικὸ νὰ ὑποχρεονόμεθα νὰ ὑποφέρνωμε, ἐπιβαλλόμενες εἰς ἐμᾶς, τὲς ἐσφαλμένες πεποί-

The benefits that we receive, apart from obligations, give us rights over our benefactor, for they attach us to him. And sometimes, attached to him as we are, claims arise as a natural consequence.

Sometimes conviction too generates action, and action sometimes manages to bring conviction.

When a conviction becomes action, it loses its spirituality and is degraded. When the action bears conviction, it is improved and ennobled.

Making wrongdoings public certainly has its harmful aspect, because it insults the sensitivities of moral people and perhaps encourages the perversity of the immoral, when they see others like themselves. But it has the great advantage that, society's wounds being thus displayed for public disapproval, they shrivel and, step by step, are healed.

Do you want to reduce your displeasures and your bitternesses? — Cut down on your amusements. Free yourself of your dogs, of your cats, of your canaries, of your servants, and, in some cases, of some of your friends.

It's sad and tyrannical to be obliged to suffer, imposed on us, the false beliefs of fanatics. Seeing them

θησες τῶν φανατικῶν. Τὸ νὰν τοὺς βλέπωμε παίγνια τῆς ἀπάτης των, εἶναι 'λίγη ἀνακούφιση στὸ πνεῦμα μας.

Εἶναι ἄνθρωποι ποῦ 'μιλοῦνε φρόνημα, καὶ κάνουνε ζουρλᾶ! Καὶ εἶναι ἄλλοι ποῦ 'μιλοῦνε ζουρλᾶ, καὶ κάνουνε φρόνημα! Ἀλλά, ἡ ἐπιθυμίες τῆς ψυχῆς μας εἶναι ἀνεξάρτητες ἀπὸ τὸ πνεῦμα μας.

Εἰς τὴν πρώτην εἰρημένη περίσταση, τὸ πνεῦμα μας εἶναι φρόνημο, καὶ ἡ ἐπιθυμίες τῆς ψυχῆς μας εἶναι ζουρλές.

Εἰς τὴν δεύτερη περίσταση τὸ πνεῦμα μας εἶναι ζουρλό, ἀλλ' ἐνστιγματικῶς ἡ ψυχή μας ἔχει φρόνημες ἐπιθυμίες.

Κάμε νὰ σὲ ἀγαποῦνε καὶ νὰ σὲ σέβονται. Ἄν ὅμως δὲν ἠμπορέσης νὰ ἐπιτύχης τόσο· κάμε τοὐλάχιστον νὰ σὲ σέβονται καὶ νὰ σὲ φοβῶνται. Ἀλλὰ ἐπίμεινε σὲ τοῦτο· ἐπειδὴ ἡ ψυχικὴ δύναμη σὲ ἀναβηβάζει καὶ σὲ τιμᾷ.

> Ὅποιος μὲ παρα-χαιρετᾶ
> Καὶ μὲ παρα-χαϊδεύει,
> Κάτι ἀπὸ 'μένα βέβαια
> Νὰ καρπιστῇ γυρεύει.

Ἡ Κατεργαριὰ εἶναι ἕνα εἶδος ἁρμονίας, κατὰ τὴν ὁποίαν ἡ κοινωνία ρυθμίζει τὰ βήματά της.

Μία δυσάρεστη ἀλήθεια, εἶναι καλύτερη ἀπὸ μίαν εὐχάριστην κολακείαν.

as the playthings of their illusions is little comfort to our spirit.

There are people who talk sensibly, and commit madnesses! And there are others who talk madly, and behave sensibly. But, the desires of our soul are independent of our spirit.

In the first case, our spirit is sensible and the desires of our soul are mad.

In the second case our spirit is mad, but our soul instinctively has sensible desires.

Make them love you and respect you. If you can't manage that much, at least make them respect you and fear you. And persevere in this; for strength of the soul raises you and honours you.

> He who greets me over-much
> And is over-pleasant to me
> Is certainly seeking
> To reap some fruit from me.

Rascality is a kind of harmony, by which society sets its pace.

An unpleasant truth is better than a pleasant flattery.

Καὶ τὰ καλά, καὶ τὰ κακά, 'περνοῦνε.

Δὲν εἶναι παρὰ οἱ σκύλοι, ποῦ πέρνουν' ξελάκου τοὺς κατατρεγμένους.

Ἡ κατάχρηση παύει τὴν κατάχρηση· καὶ κάποτε καὶ τὴ χρήση·

Γιὰ σὲ ἀξίζεις ὅ,τι ξέρεις. Γιὰ μὲ ἀξίζεις ὅ,τι δείχνεις.

Ὁ μὴ-ἐνάρετος θαυμάζει τὴν ἀρετή, ὡς ὁ μὴ-ζωγράφος τὴ ζωγραφία.

Τὸ ψεῦδος εἰς τὰ χείλη τοῦ ψεύτη, εἶναι πύργος χωρὶς θεμέλια.

Ἡ ἀλήθεια εἰς τὴν καρδιὰ μόνον τοῦ φιλαλήθη, εἶναι θεμέλιο χωρὶς πύργους.

Μία ἀπὸ τὲς ἀπόδειξες ὅτι ὁ Χριστὸς δὲν ἦτον μονάκριβος, εἶναι καὶ τὸ ὅτι δὲν ἦτον ἀνόητος.

Ἡ καρδιὰ χωράει πολλὲς ἀγάπες· μὰ δὲ χωράει παρὰ ἕναν ἔρωτα.

Ὅποιος θέλει, 'βρίσκει καιρό. Ὅποιος δὲ θέλει, 'βρίσκει πρόφαση.

Both the good, and the bad, pass.

It is only the dogs that go in hot pursuit of down-trodden people.

Abuse stops abuse: and sometimes use too.

To you, you are worth what you know. To me you are worth what you show.

The non-virtuous admires virtue, just as the non-painter admires painting.

The falsehood on the lips of a liar is a tower without foundations.

Truth in the heart alone of the truth-lover is a foundation without a tower.

One of the proofs that Christ was not an only child is that he wasn't stupid.

The heart holds many loves, but it doesn't hold more than one love.[7]

Whoever wants to, finds the time. Whoever doesn't want to, finds an excuse.

Θέλεις νὰ σκᾷς τὸν ἐχθρό σου; Γενόσουνε πάντα καλήτερος.

Ἂν θέλῃς νὰ κάμῃς γλύγορα, μὴ σπουδάζῃς.

Ὁ πατέρας εἶναι ἡ σκέπη τῆς οἰκογενείας· ἀλλὰ ἡ μάνα εἶναι ἡ ψυχὴ τῆς οἰκογενείας.

Ἀπ᾽ ὅσους σὲ γνωρίζουνε, ὁ 'λιγώτερο ποῦ σὲ γνωρίζει εἶσαι σύ.

Ἡ ἀποφυγὴ δυστυχήματος, ἰσοδυναμεῖ μὲ ἐπίτευξιν εὐτυχήματος.

Εἶναι ὡραία ἡ ἐκδίκηση ὅταν εἶναι δίκαιη.*

Ἡ ἀγάπη δὲν πηγάζει ἀπὸ σκέψες καὶ ὑπολογισμούς, ἀλλ᾽ ἀπὸ αἴσθημα.

Βγάνε καλᾶ τὴ σφαλαγγουνιά! — Ὅσο δὲ 'βγάνεις καὶ τὸ σφαλάγγι, δὲν κάνεις τίποτα.

Ὅποιος σὲ φθονάει, σὲ τιμάει· ἐπειδὴ θὰ 'πῇ ὅτι σ᾽ ἐχτιμάει.

Χάνεις κόπο καὶ σαποῦνι
Σαπουνίζοντας γουροῦνι.

---

* Τὸ πρωτότυπο στα ιταλικά. Βλέπε σελ. 114.

You want to drive your enemy mad? Keep getting better.

If you want to make haste, don't try.

The father is the roof of the family, but the mother is the soul of the family.

Of those who know you, the one who knows you least is you.

The avoidance of misfortune is equivalent to the gaining of good fortune.

Revenge is sweet when it is just.*

Love does not spring from thoughts and calculations, but from feeling.

Clear away the web properly! — unless you get rid of the spider too, you do nothing.

He who envies you, honours you: for it is as much as to say, he respects you.

> You waste both effort and soap
> Lathering a pig.

---

* Original in Italian. See page 114.

Ὅποιος θέλει νὰ γεληέται,
Βρίσκει νὰν τονὲ γελοῦνε.

Τὰ μοχθηρὰ πρόσωπα χωρὶς ἄμεση ἀνάγκη, δείχνουν πο-
ταπὴ ψυχὴ καὶ οὐτιδανὸ χαραχτῆρα.*

Ὁ φανατικὸς εἶναι ἐπιζήμιος ὑπερασπιστής.

Ἡ διεξοδικότητα στὴν κολακεία εἶναι φρικώδης.

Εἶναι τοῦτος ὁ κόσμος μιὰ σωρία
Ἀπὸ ἀνοησίες κι' ἀπὸ κακίες,
Εἶναι μιὰ-ν-ἀνακάτωση γελοία
Ἀπὸ κατεργαριὲς κι' ἀπὸ βλακίες.
Κόσμος ἀπὸ ἀνθρωπάρια κουζουλά,
Ποῦ ἀξαίνουν καὶ γεράζουνε παιδιά.

Ἡ ἀπάτη εἶναι σύμφωνη μὲ τὸν ἑαυτό της, ὅταν ἀπατᾷ τὸν
ἀπατεῶνα.

Οἱ λέγοντες τὴν λειτουργίαν, εἶναι ἱερεῖς τῶν ἀνθρώπων.
Οἱ λέγοντες τὴν ἀλήθειαν εἶναι ἱερεῖς τοῦ Θεοῦ.

Ἡ ἀνυπομονησία χαλάει κάποτε τὲς δουλειές. Ἀλλὰ καὶ ἡ
ἀπάθεια δὲν κάνει δουλειές.

---

* Τὸ πρωτότυπο στα ιταλικά. Βλέπε σελ. 114.

— 96 —

He who wants to be deceived
Finds those to deceive him.

A villainous face without compelling necessity is the sign of a base soul and an ignoble character.*

The fanatic is a harmful defender.

Persistent flattery is horrible.

This world is a heap
Of nonsense and ill will,
It is a ridiculous mixture
of stupidities and rascalities.
World of crazy little people,
Increasing, ageing its children.

Deceit is true to itself when it deceives the deceiver.

Those who speak the liturgy are the priests of the people. Those who speak the truth are the priests of God.

Impatience sometimes destroys one's work. But apathy does no work.

---

* Original in Italian. See page 114.

Ναί, — Ὁ πολίτης εἶναι διὰ τὴν πατρίδα· ἀλλὰ διὰ νὰ ἠμπορῇ ἡ πατρίδα νὰ ἦναι δι᾽ αὐτόν. Ὁ πολίτης εἶναι ὁ σκοπός· ἡ πατρίδα εἶναι τὸ μέσον.

Ἡ φτώχεια εἶναι μία λάσπη, μέσα στὴν ὁποία κοιλιώμενος ὁ ἄνθρωπος ἀσχημίζεται, καὶ χάνει τὴν ἀξιοπρέπειάν του. Ἂν θὰ βαστάξωμε γιὰ σωστὰ εἰπομένο τὸ ὅτι ὁ ἄνθρωπος ἀξίζει τόσο, ὅσο ἔχει, ὁ φτωχὸς ἀξίζει ᾽λίγο, ἢ καὶ τίποτα!... Τὸ πόρισμα θὰν ἦναι ἴσως ἄδικο, ἀλλ᾽ εἶναι ἀληθινό! Ἔτσι εἶναι!...

Ὁ νόμος δὲν ἔχει τίποτε ὑπεράνθρωπον· ἀκολούθως τίποτε λατρεύσημο. Ὁ νόμος δὲν εἶναι ἄλλο, παρὰ ἡ δημόσια θέληση. Δὲν τοῦ χρεωστεῖται ὅθεν περσσότερος σεβασμὸς ἀπ᾽ ὅτι χρεωστεῖται εἰς τὴν δημόσια θέληση. Ἔτσι, κάθε νοήμων καὶ τίμιος δικαστής, εὑρίσκοντας τὸν νόμον, εἰς τὴν περίστασην, ἀναντιρρήτως ἄδικον, χρεωστεῖ νὰν τὸν κάνη νὰ κλίνη ὑπὲρ τῆς Δικαιοσύνης.

Ἡ τιμὲς ὁποῦ γένουνται στοὺς γερόντους, εἶναι ᾽σὰν τὰ θυμιάματα ποῦ βάνουνται στοὺς ἀποθαμένους.

Ὅποιος μοῦ κάμει ἕνα ἀδίκημα, μίαν προσβολὴ ὁποιαδήποτε, μοῦ δίνει δικαιόματα ἀπάνου του· δικαιόματα ποῦ ἐγὼ ᾽μπορῶ νὰν νὰ διεκδικήσω ὅταν εὐχαριστοῦμαι, ὅταν ἔλθη ἡ περίσταση.

Yes, — The citizen is for the fatherland, but so that the fatherland can be for him. The citizen is the end; the fatherland is the means.

Poverty is mud, rolling in which a person becomes ugly and loses his dignity. If we deem it a true saying that a person is worth just so much as he owns, the poor person is worth little or nothing!... The inference may then be unjust, but it is true! That's the way it is!...

The law has nothing superhuman in it, so, it follows, nothing to be worshipped. The law is nothing more than the will of the people. Hence it is owed no more respect than is owed to the will of the people. Thus every intelligent and honest judge, finding the law, in the circumstances, incontrovertibly unjust, is obliged to make it bend towards justice.

Honours given to old men are like incense burnt for the dead.

Whoever does me a wrong, any kind of insult, gives me rights over him; rights which I can claim whenever I please, when the circumstance arises.

Τοῦ ἀνοήτου, δὲν εἶναι δουλειά του νὰ ἀστυεύεται. Καὶ θέλοντας νὰ ἀστυευθῇ, κινδυνεύει κάποτε νὰ κάμνη ἀστυότητες πολὺ δυσάρεστες· ἀστυευόμενος σὲ πράγματα σοβαρά, καὶ σοβαρῶς δυσαρεστοῦντα τοὺς παρευρισκομένους.

Μὴν παίζετε μὲ τοὺς πειρασμούς.*

Μὴν κάμης χάρη τοῦ ἀχάριστου, γιὰ νὰ μὴν τὸν κάμης ἐχθρό σου. Τὸ χρέος τῆς εὐγνωμοσύνης τονὲ βαρένει καὶ τὸν κακιόνει.

Τὰ δημόσια πολιτικὰ ἐπαγγέλματα εἶναι κρασὶ διὰ τοὺς συχναστάς των, καὶ ροῦμι μάλιστα διὰ κάποιους ἀπὸ αὐτούς. Οἱ συχνασταὶ μεθοῦνε εἰς αὐτά, καὶ παραδίνουνε δι᾽ αὐτὰ ψυχὴ καὶ σῶμα τους.

Ὁ καλὸς καὶ τίμιος ἄνθρωπος δέχεται τὴν εὐεργεσία 'σὰ μία χάρη, καὶ 'σὰν ἕνα δάνειον. Ὁ κακὸς ἄνθρωπος δέχεται τὴν εὐεργεσίαν ἁπλῶς μόνον ὡς ὠφέλειάν του.

Δὲν θέλω νὰ λείπω ἀπὸ τὰ χρέη μου, ἐπειδὴ δὲν θέλω νὰ ἔχω ἄδικο.

Συνήθως ὁ ρήτορας δουλεύει διὰ τὸν ἑαυτόν του. Ὁ συγγραφεὺς δουλεύει διὰ τοὺς ἄλλους.

---

* Το πρωτότυπο στα ιταλικά. Βλέπε σελ. 114.

The stupid person has no business making jokes. And wishing to joke, he is in danger sometimes of making very displeasing jokes; joking about serious matters, and seriously upsetting those around him.

Don't play with temptation.*

Don't do a favour for the ungrateful, so as not to make him your enemy. The debt of gratitude weighs him down and makes him bad.

Public political jobs are like wine for those who resort to them, and indeed rum for some of them. They get drunk from them, and dedicate their body and soul to them.

The good and worthy person accepts a benefit as a favour, and as a loan. The bad person accepts a benefit simply as his due.

I don't want to fail in my obligations, because I don't want to be in the wrong.

Usually, the orator works for himself. The writer works for others.

---

* Original in Italian. See page 114.

Τὰ Τελονεῖα μας εἶναι Κυβερνητικὰ Παντοπωλεῖα· χωρὶς ὅμως κεφάλαια τῆς Κυβερνήσεως, χωρὶς εἴδη ἐδικά τους ἢ ὁρισμένα· ἀλλὰ οἰκειοποιοῦνται τὰ διαβαίνοντα ξένα εἴδη, καὶ τὰ ξαναπουλοῦν εἰς τοὺς ἰδιοχτῆτας των, εἰς ὑψηλὴν τιμήν, καὶ κάποτε ἀνώτερην τοῦ ὅσου ἐπρωτοστιχίσανε τοῦ ἰδιοχτήτη.

Τὸ Συμφέρον! Εἶναι ὁ πλέον ἐπιστήθιος φίλος μας. Ἐκεῖνος ὁ φίλος εἰς τὸν ὁποῖον τυφλοῖς ὅμασι ἐμπιστεύουμάσθε· τὸν ὁποῖον ἀφίνουμε νὰ μᾶς χειραγογῇ· εἰς τὸν ὁποῖον δὲν βάνουμε διόλου ὑποψίαν μὴ μᾶς προδόσῃ· μὴ μᾶς ἀπατήσῃ· μὴ μᾶς πλανέσῃ... Εἶναι δὲ ὁ ἰσχυρώτερος ἀντίπαλος τῆς συνειδήσεώς μας· ὁ ἐπιτιδιώτερος τυφλωτὴς τῶν ὁματιῶν μας· ὁ φλογερότερος συμπιστὴς τῆς καρδιᾶς μας· καὶ ὁ μεγαλήτερος πλάνος τοῦ λογικοῦ μας.

Ὅπου βλέπουμε τὸ Συμφέρον, ἐκεῖ κλίνει καὶ ἡ καρδιά μας· ἐκεῖ τὸ λογικό μας σχεδιάζει· ἐκεῖ τὰ μάτια μας ἀτενίζουνε. Καὶ ὅταν εἰς αὐτὸ ἀντιτείνῃ ἡ συνείδησή μας, τὸ Συμφέρον κάποτε διὰ τῆς βίας τηνὲ σωπαίνει.

Εἶναι ὅμως καὶ συμφέροντα τὰ ὁποῖα καὶ ἡ συνείδηση παραδέχεται καὶ ἐπιδιόκει.

Ὅταν ἡ ἀρχὴ ποῦ ἐθέσαμε μᾶς φέρνει σὲ ἐξαγόμενο, τὸ ὁποῖον ἡ συνείδησή μας ἀποτροπιάζεται, ἤ, βιασμένη ἀπὸ τὴν σκέψη, τὸ παραδέχεται μὲ φρίκην της, πρέπει τότε νὰ ὑποφτεύομάσθε μήπως ἡ ἀρχὴ ποῦ ἐθέσαμεν εἶναι σφαλερή· καὶ νὰ γυρίζωμε 'πίσω νὰν τὴν ἐξετάζωμε.

Our customs offices are state groceries, but without government funding: without their own products or ones they choose. But they appropriate other people's products and resell them to their owners at a high price, and sometimes higher than what the owner originally paid.

Self-interest! It is after all our bosom friend. The friend whom we all blindly trust; the one we allow to lead us by the hand; the one of whom we have not the slightest suspicion he might cheat us, deceive us... He's the fiercest antagonist of our conscience, the most deliberate blinder of our eyes; he's the most flagrant collaborator with our heart, and the greatest misleader of our reason.

Wherever we see self-interest, there our heart leans; there our reason plans; there our eyes gaze. And when our conscience goes against this, self-interest sometimes silences it by force.

There are however also interests which conscience accepts and pursues.

When the principle we have set up leads us to a conclusion which revolts our conscience, or, forced by thought, it accepts with horror, then we must consider if perhaps the principle we have set up is faulty, and go back to examine it.

Ὁ μὴ-εἰλικρινὴς προφυλάτεται νὰ μὴν ἐννοηθῇ ἡ ἀνειλικρίνειά του, καὶ ζημιώνεται δυπλασίως· ἐπειδὴ, καὶ ἡ ἀνειλικρίνειά του ἐννοεῖται καὶ ἡ προφύλαξή του.

Μ᾽ εὐχαριστεῖ πολὺ ἡ καλὴ ὑπόληψη τῶν ἀνθρώπων, ὅταν νομίζω νὰν τὴν ἀξίζω. Μὲ 'ντροπιάζει ὅταν νομίζω νὰ μὴν τὴν ἀξίζω. Ἔχω ὑπομονὴν ὅταν δὲν ἀναγνωρίζουν τὴν ἀξίαν μου· καὶ χάνω τὴν ὑπομονήν, ὅταν μὲ κατατρέχουν διὰ τὴν ἀξίαν μου.

Εὐχαριστῶ τὸν Θεὸν ὁποῦ δὲν μοῦ ἔδωσε καμμίαν ἀπὸ τὲς τρεῖς φρικοδέστερες μανίες.

Τὴ μανία τῆς ἐξουσίας, ἡ ὁποία ξεκάνει τὸν ἄνθρωπον ἀπὸ ἄνθρωπον, καὶ τὸν κάνει διάολο.

Τὴ μανία τῆς μέθης, ἡ ὁποία ξεκάνει τὸν ἄνθρωπον ἀπὸ ἄνθρωπον, καὶ τὸν κάνει γουροῦνι.

Τὴ μανία τοῦ χαρτοπαιγνίου, ἡ ὁποία ξεκάνει τὸν ἄνθρωπο ἀπὸ εὐτυχῆ, τὸν κάνει δυστυχῆ, καὶ τόνε στιγματίζει μὲ τὲς κατάρες τῆς φτωχεμένης γυναικός του καὶ τῶν διακονευόντων τέκνων του.

Εἶναι δύο εἰδῶν φιλόξενοι· ὡς καὶ δύο εἰδῶν οἱ φιλοξενούμενοι.

Εἶναι φιλόξενοι οἱ ὁποῖοι δὲν φιλοξενοῦν παρὰ ὅταν ἠμποροῦν νὰ παρέχουν εἰς τὸν ξένον τους σχετικῶς λαμπρὴν φιλοξενίαν. — Καὶ εἶναι καὶ φιλόξενοι οἱ ὁποῖοι εὐχαρίστως φιλοξενοῦν, ὡς καὶ ὅταν δὲν ἔχουν νὰ προ-

The dishonest person takes care that his dishonesty not become known, and is doubly damaged, because both his dishonesty and his self-protection become known.

A good reputation among people pleases me a lot, when I think I am worthy of it. I feel ashamed when I think I am not worthy of it. I have patience when my merit is not recognized; and I lose patience when I am persecuted for my merit.

I thank God that he did not give me any of the three most horrific manias:

The mania for authority, which takes away humanity from the human and makes him a devil.

The mania for drunkenness, which takes away humanity from the human and makes him into a pig.

The mania for card-playing, which takes away the person from happiness, makes him unhappy, and stigmatizes him with the curses of an impoverished wife and his begging children.

There are two kinds of host, as there are two kinds of guest:

There are hosts who don't offer hospitality unless they can offer their guest relatively splendid hospi-

σφέρουν εἰς τὸν ξένον τους παρὰ μόνον τὸ εὐτελὲς καθημερούσιόν τους.

Εἶναι δὲ καὶ φιλοξενούμενοι παρομοίως δύο εἰδῶν ἀντικριζόντων εἰς τὰ ρηθέντα δύο εἴδη τῶν φιλοξενούντων.

Εἶν' ἐκεῖνοι ποῦ ἀπαξιοῦν μίαν συνήθη περιποίησην· καὶ εἶναι κ᾿ ἐκεῖνοι οἱ ὁποῖοι τὴν ἐχτιμοῦν, θεωροῦντες την ὡς πλέον ἐγκάρδιον.

Μὴ δὲ εἰπῇ κανεὶς ποία ἀπὸ τὲς δύο εἶναι ἡ καλύτερη. Καὶ ἡ δύο εἶναι παρομοίως καλές. Ἡ δὲ καλήτερη διὰ τὸν καθέναν, εἶν' ἐκείνη ποῦ καλήτερα τοῦ ἀρέσει.

Ἐγὼ δὲν πιστεύω τὸ σύστημα τοῦ Δάρουην. Πιστεύω ὅμως ὅτι ἐκεῖνοι ποῦ τὸν πιστεύουνε, θὰν αἰσθάνονται μέσα τους δίκηα τέτοια, διὰ τὰ ὁποῖα νὰν τὸ πιστεύουνε.

Πιστεύω ἀκόμη, καὶ τοῦτο ἐκ πείρας μου, ὅτι ἕνας ἄνθρωπος μὲ πνεῦμα, καὶ μὲ ἱκανότητα εἰς τὸ νὰ μιλῇ καὶ νὰ γράφη ἐπιδεξίως, τοῦ εἶναι εὔκολο νὰ μᾶς κάνη νὰ πιστεύωμε ὅ,τι θέλει.

Ὅταν μάλιστα συντρέχουν εἰς βοήθειάν του κάποιες διάθεσες τῆς ψυχῆς μας. Ἔτσι,

Διὰ τὴν πειστικότητα τοῦ συστήματος τοῦ Κου Δάρουην, ἡ ἐνδεχόμενη ἀπαισιοδοξία τῶν ἀναγνωστῶν καὶ ἀκροατῶν του, ἡ ἀθεΐα, ἡ ἀπογοήτεψη τῆς ὑπάρξεως, ἡ ἀπελπισία, καὶ ἄλλα ὅμοια, εἶναι προετοιμαστικὰ ἁρμοδιώτατα διὰ τὴν παραδοχὴν ἑνὸς τέτοιου συστήματος.

tality. — And there are hosts who gladly offer hospitality, even when they have no more to offer their guest than their humble daily means.

And there are two kinds of guests, corresponding to the said two kinds of hosts.

There are those who disdain common hospitality, and there are those who appreciate it, considering it to be entirely heartfelt.

No-one should say which of the two is the better. They are each equally good; It's a matter of which pleases more.

I do not believe in Darwin's system. But I believe that those who *do* believe in it feel in themselves a right to believe in it.

I also believe, from personal experience, that an intelligent person, with the skill to write and speak eloquently, can easily make us believe whatever he wants.

When indeed our various mental moods come together to help. Thus,

As to the persuasiveness of Mr Darwin's system, the possible pessimism of his readers and audience, atheism, disappointment in existence, hopelessness and other such things could certainly pave the way for the acceptance of such a system.

Ἡ παλιαθρωπιὰ στὴν Κεφαλονιὰ ἐκατάντησε τόση, καὶ τέτοια, ποῦ ἂν ὡς καὶ στὸν ἐπίλοιπον κόσμο ἦναι ἔτσι, ὁ Θεὸς ἔκανε καλᾶ νὰ κάμῃ καὶ δεύτερον οἰκουμενικὸν κατακλυσμόν, διὰ νὰ βάλῃ στὸν κόσμο του ἄλλη ἀξιοπρεπέστερην πλάση.

Εὐχαριστῶ τὸν Θεὸν ὅτι δὲν μὲ ἔκαμε παλιάθρωπο, ἀλλὰ τὸν μέμφομαι ὅτι μὲ ἔβαλε νὰ ζῶ ἀνάμεσα σὲ παλιαθρώπους.

Ὅταν ἡ κοινωνία τρέχει τὸν κατήφορο τῆς διαφθορᾶς, μὴ διηγεῖσαι κακοήθη συμβάντα, μήτε κατηγορῶντας τα· ἐπειδὴ τότε κανεὶς δὲν ψηφᾷ τὴν κατηγορίαν σου, ἀλλὰ καθένας ἐμψυχώνεται βλέποντας ὅτι ἔχει συντρόφους.

Ἡ δικαιοσύνη εἶναι τὸ μηδὲν εἰς τὸ ἠθικόμετρον. Διὰ νὰ ἠθικοποιηθῇ ὅθεν ἡ κοινωνία, πρέπει πρῶτ' ἀπ' ὅλα νὰ τεθῇ τὸ μηδὲν τοῦτο, νὰ κανονισθοῦν δηλαδὴ τὰ Δικαστήρια σὲ τρόπον ὥστε σκοπός τους νὰ ἦναι ἡ διανομὴ τῆς δικαιοσύνης. Μὲ τοῦτον τὸν τρόπον τίθεται τὸ μηδὲν εἰς τὸ ἠθικόμετρον τῆς ἠθικοποιηθησομένης κοινωνίας, ἐπὶ τοῦ ὁποίου μηδενὸς ὁ ἠθικολόγος ἠμπορεῖ νὰ ὑψώσῃ βαθμούς· ὡς βοήθειαν εἰς τὸν πλησίον, εὐεργεσίαν, αὐταπάρνησην, κλ.

Ἡ Ὑποκρισία εἶναι προσωπίδα, τὴν ὁποίαν ὁ ὑποκριτὴς βάνει στὸ πρόσωπό του, καὶ παρουσιάζεται διαφορετικὸς ἀπ' ὅ,τι πραγματικῶς εἶναι.

Villainy in Cephalonia has reached such a point that, were it thus in the rest of the world, God would do well to bring a second universal cataclysm, so as to provide his world with another more decent creation.

I thank God that He didn't make me a rogue, but I reproach Him for making me live among rogues.

When society runs downhill to depravity, don't tell tales of evil deeds, nor even condemn them, because then nobody will appreciate your condemnation, but each will be encouraged by seeing he has comrades.

Justice is point zero on the scale of morality. Therefore to make society moral, first of all that zero must be set, that is to say the courts must be regulated so that their aim is the delivery of justice. In this way the zero is set as the ethical measure for the moral regulation of society, and from this zero the moralist can set higher degrees, such as helping one's neighbour, good works, self-abnegation etc.

Hypocrisy is a mask which the hypocrite puts on his face, and he pretends to be other than what he really is.

Έως ὅτου οἱ προσωπιδοφόροι τοῦτοι εἶναι σχετικῶς ὀλίγοι, μένουν ἀπαρατήρητοι καὶ ἐλεύθεροι στὴν ἐξάσκησην τοῦ ἔργου τους, καὶ εὐδοκιμοῦν. Ἀλλ᾽ ὅταν ὁ ἀριθμός τους πληθύνῃ, ἡ κοινωνία τότες ἀνανογέται· καὶ οἱ ἴδιοι προσωπιδοφόροι μαθαίνουνε νὰ γνωρίζονται ἀνάμεσό τους. Ὁ καθένας τους τότε 'μιλῶντας μὲ τοὺς ὅμοιούς του, λέει μέσα του — σὲ γνωρίζω, μάσκαρα· εἶσαι μασκαρᾶς!...

As long as these mask-wearers are comparatively few, they remain unnoticed and free to carry out their work, and they thrive. But when their number increases, then the community notices them. And the mask-wearers themselves recognize each other. Each one of them then, speaking with those like him, says to himself — *I know you, mask-wearer: you're a mask-wearer!...*

Reflections originally written in italian

p. 32-33: Il non degnarti di rispondere, è forse la più bella delle risposte: ma spesso anche l'ultima risorsa d'ogni causa disperata.

p. 32-33: Ogni nucleo si fà centro di attrazione, ed attira cose omogene alla sua natura. Cosi, anche nell'ordine morale, vediamo che il fortunato continua ad essere sempre fortunato, mentre all'infelice piovono sempre nuove disgrazie.

p. 38-39: Ad una villania, potete non rispondere con un'altra villania. Ma ad una gentilezza, dovete rispondere con un'altra gentilezza.

p. 40-41: Le persone condannanno i loro proprii difetti, quando li vedono negli altri. Ma nello stesso tempo profittano in male di quell'esempio, il quale li incoragisce. E però, al prodigo p.e. non bisogna mai parlare di altri prodighi, nepure per biasimarli; all'avaro di avari; al cattivo, di cattivi ecc. ecc. Tutti questi si unirebbero a noi per biasimare tali vizii; ma nello stesso tempo si incoragirebbero ad essere più prodighi, più avari, e più cattivi, vedendosi in compagnia di altri.

p. 44-45: Le malattie sono costose e superflue. E peró, dovrebbero contare fra gli oggetti di lusso; e non essere che per i ricchi (disse mia moglie).

p. 54-55: Il Cristianesimo presso di noi è posto fra gli oggeti di lusso. Non ce ne serviamo che per ostentazione, e per farne parata; ma non per l'uso giornaliero nelle nostre relazioni con gli uomini; il chè sarebbe considerato prodigalità e scialacquo.

p. 72-73: C'è il saper-fare, ed il non-saper-fare: il primo porta spesso a tutti i beni mondanei un qualunque; il secondo rovina spesso un uomo di merito.

p. 74-75: L'uguaglianza degli uomini innanzi alla legge, è una necessità: non una verità. Ed è tanto fallace, quanto l'uguaglianza di uniformi banco-note innazi el cieco.

p. 94-95: È bella la vendetta quando è giusta.

p. 96-97: Le cattive figure senza soffocante necessità, mostrano animo vile, e carattere disprezzabile.

p. 100-101: Non scherzare colle tentazioni.

Translator's Notes

1. Cephalonia was for some time ruled by the British.

2. Greek etiquette is for the new arrival, or the visitor, to greet before he is greeted.

3. "Gravareika" is the speech of a "Gravaritis" or uneducated villager. "Logiotatistika" is pretentious or archaic language, much like English "Legalese". Lixouri is the home town of Laskaratos in Cephalonia.

4. See note 3.

5. The Greek word Συναξάρι is usually translated as "legend", but can also mean a short hagiographic text.

6. Μύθος (the Greek word used here) is not quite the same as the English "Myth", but can include some kinds of what we should call 'Fairy Tales' or indeed 'Legends'.

7. English "agapē" and "eros" respectively, but such terms are too abstruse for a distinction that remains everyday in Greek.

READ THE **MODERN GREEK CLASSICS**

CONSTANTINE P. CAVAFY
Selected Poems
Translated by David Connolly

ALEXANDROS PAPADIAMANDIS
Fey Folk
Translated by David Connolly

GEORGIOS VIZYENOS
Thracian Tales
Translated by Peter Mackridge

GEORGIOS VIZYENOS
Moskov Selim
Translated by Peter Mackridge

NIKIFOROS VRETTAKOS
Selected Poems
Translated by David Connolly

Rebetika
Songs from the Old Greek Underworld
Translated by Katharine Butterworth
& Sara Schneider

www.aiora.gr